Kathrin Rüegg
Dies ist mein Tal – dies ist mein Dorf

Kathrin Rüegg

Dies ist mein Tal – dies ist mein Dorf

Weltbild

Genehmigte Lizenzausgabe für Verlagsgruppe Weltbild GmbH,
Steinerne Furt, 86167 Augsburg
Copyright © 1976 by Müller Rüschlikon Verlags AG, Zürich
Umschlaggestaltung: Eisele Design & Media, Augsburg
Umschlagmotiv: Reinhard Eisele, Augsburg
Gesamtherstellung: Clausen & Bosse GmbH, Birkstr. 10, 25917 Leck
Printed in Germany
ISBN 3-03812-064-2

2006   2005   2004   2003
Die letzte Jahreszahl gibt die aktuelle Lizenzausgabe an.

Es beginnt mit einem Ende

«Ich weiß auch heute noch nicht, wohin Michelangelo verschwunden ist. Vielleicht schläft er wieder im Wartesaal von Locarno oder in einer Telefonkabine. Wenn mich nicht alles trügt, wird er eines Tages wieder aufkreuzen. So wie Susi Stäubli letzten Februar heimkehrte, als wäre nichts geschehen.

Dann werde ich nicht schelten und nicht fluchen, nur ein fröhliches Zeichen mit dem Zeigefinger von der Schläfe gegen den Himmel machen und sagen: ‹Ciao›.

Falls er die Gärtnerin mitbringt, werde ich sie mit offenen Armen empfangen. Dank Michelangelo schlummert der Monte Valdo nur noch, er schläft nicht mehr. Wer weiß, dank einer Gärtnerin erwacht er vielleicht ganz.

Nie sind alle Rätsel gelöst.

Auf alle Fälle werde ich diese Geschichte Michelangelo widmen.

Monte Valdo, anfangs Januar 1973.»

Dies waren die Schlußsätze meines Manuskripts, das ein Buch mit dem Titel «Kleine Welt im Tessin» werden sollte.

Nachdem ich die letzten Worte geschrieben hatte, zog ich aufseufzend das Blatt aus der Schreibmaschine. Fertig. Ich hatte es geschafft. Aber ich war nicht glücklich dabei. Es war wie ein Zwang gewesen, der mich getrieben hatte, das niederzuschreiben, was ich seit dem Beginn meines «neuen Lebens» erlebt hatte. Ich kam mir vor wie eine ausgepreßte Zitrone, oder wie einer, der so lange gerannt ist, daß er zuletzt vor lauter Müdigkeit nicht mehr weiß, was sein Ziel ist.

Die Zukunft war ein einziges, großes Fragezeichen.

Wenn Michelangelo zurückkam, würden wir mit dem Ausbau der Häuser meines Weilerchens fortfahren, wir würden den Graben vom Wasserspeicher der Gemeinde bis zu den Häusern machen. Ich hatte die Strecke ausgemessen. Es waren vierhundertachtzig Meter, zu graben durch Wald, felsiges Gelände, zuletzt quer durch den Rebberg.

Wenn Michelangelo zurückkam.

Was aber, wenn er *nicht* zurückkam?

Vorläufig war ich noch beschäftigt. Ich mußte mein Manuskript ins reine schreiben. Von meinem Onkel Arthur hatte ich im Sommer den Rat bekommen, daß Manuskripte absolut «impeccable» getippt sein müssen. Wegen des ersten Eindrucks. Sein Rat hatte sich auf eine kleine Hunde- und Katzengeschichte bezogen, die schließlich in einer deutschen Illustrierten erschienen war. Wieviel mehr Mühe mußte ich mir nun geben, denn einen Verleger für ein Buch zu interessieren, ist schließlich viel schwerer.

Ich *mußte* einen Verleger finden, denn ich hatte die Niederschrift meines Buches begonnen in der Hoffnung, mir mit Schreiben wenigstens einen Teil meines Lebensunterhalts zu verdienen.

Aber Schweizer Autoren scheinen nicht sehr gefragt zu sein. Wer mir das nicht glaubt, blättere einmal fünf große schweizerische Tageszeitungen und fünf Wochenzeitschriften durch. Er wird höchstens einen einzigen Fortsetzungsroman finden, der einheimischen Ursprungs ist, dazu vielleicht drei, vier deutsche, mindestens fünf aber sind Übersetzungen aus dem angelsächsischen Sprachbereich.

Falls kein Verlag sich für mein Buch interessierte, würde ich es umschreiben, würde mich meinetwegen Catherine

McRugg nennen und Michelangelo John oder Bob oder so. Und die Handlung würde ich ins schottische Seengebirge oder in die Rocky Mountains verlegen. Jawohl!

Vorerst aber wollte ich es trotz diesen Zweifeln mit Kathrin Rüegg, Michelangelo und dem Tessin wagen. Ich gab mir also Mühe, tippte täglich sechzehn Seiten, auch sonntags, mit einer Kopie.

Michelangelos Heimkehr

Am zehnten Tag, es war an einem Mittwoch, schien eine warme Wintersonne auf meine Kleine Welt. Das Schmelzwasser des Schnees gluckste in den Regentraufen. Ich saß vor dem Haus auf dem Baumstumpf, auf dem wir Holz zu spalten pflegten, die Schreibmaschine auf den Knien, die beschriebenen Seiten auf der Bank, Schrift nach unten, mit einem Stein beschwert, als Grano und Bona in ein unbeschreibliches Geheul und Gebell ausbrachen und quer bergauf rasten. Die aufgeweichte Erde bespritzte die letzte Seite meines Manuskripts, die Schreibmaschine, meine Hände und Haare. Das konnte nur einen einzigen Grund haben:

Michelangelo kam zurück!

Ich nahm den Stein von meinem Blätterberg, stellte statt dessen die Schreibmaschine darauf, das letzte Blatt ließ ich eingespannt, und ging Michelangelo entgegen. Er war es wirklich. Aber wie er aussah!

Rot unterlaufene Augen, abgezehrte Wangen, zerrissene, zerdrückte, schmuddelige Kleider. In der Hand hatte er einen Haselstock. Haare und Bart waren zerzaust, Schuhe und Hose vom Marsch durch den Schneematsch durchnäßt. Verlegen stand er beim langen Haus, ein um Verzeihung bittendes Lächeln auf den Lippen.

«Permesso», sagte er höflich. Das sagt ein Fremder, der ins Haus tritt.

«Avanti», sagte ich aufmunternd. Das sagt man, wenn man einen Fremden willkommen heißt. Dann: «Ciao, Michelangelo».

«Bin ich entlassen?» fragte Michelangelo.

«Du hast dich selbst entlassen», erwiderte ich, «aber ich habe dich soeben wieder eingestellt.»

Dann geschah mit meinem rauhen, ungehobelten, versoffenen und doch so liebenswerten Michelangelo etwas Seltsames. Er setzte sich auf die Bank vor dem Kamin und weinte. Die Tränen kollerten ihm über die schmutzigen Wangen, verloren sich im Bart. Er schniefte, rieb sich verzweifelt mit dem Handrücken die feuchte Nase und nahm schließlich dankbar ein Taschentuch, das ich aus seiner Wäscheschachtel brachte. Unterm Arm hatte ich auch zwei Tazzini und einen Fiasco Barbera. Als Michelangelo dies sah, stoppten die Tränen augenblicklich. Er schaute mich glücklich an, und wir prosteten uns zu.

«Darf ich mich waschen?» fragte Michelangelo. «Ich bin sehr, sehr schmutzig.»

«Bitte», sagte ich, «wir haben Schmelzwasser im Überfluß.»

Ich nahm Schreibmaschine und Manuskriptseiten, ihm somit den Brunnen und den Hof als Badezimmer überlassend, und verzog mich in mein Schlafzimmer. Ich setzte einen Nachsatz unter die fertig abgeschriebene Geschichte:

«P.S.: Er ist seit heute morgen wieder da.»

Du sollst nicht planen

Hurra, nun konnte unser Leben weitergehen. Wir konnten mit dem Ausbau der Häuser fortfahren, vielleicht schon bald

Feriengäste aufnehmen. Ich stellte mir ein Plansoll zusammen: Bis zum Frühlingsanfang mußte der Wassergraben beendet sein, dann mußte der Wohnraum unter meinem Schlafzimmer, dann auch die noch ein Stockwerk weiter unten liegende Küche renoviert werden, mußte ich ein erstes Inserat als Werbung für unser Feriendorf aufgeben, mußte noch mehr Wiesland gerodet werden. Ich mußte mich erkundigen, wo man Esel kaufen konnte, welche Sorte Hühner am einträglichsten sei. Mußte, wollte, sollte...

Wann endlich werde ich in meinem Leben lernen, daß Planen zwar schön ist, aber alles immer ganz anders herauskommt?

Michelangelo hatte sich sofort nach dem Mittagessen nach der Arbeit erkundigt, die er als erstes in Angriff nehmen solle. Er sah aber so käsebleich aus, daß ich ihm empfahl, sich heute noch zu erholen. Ich wollte nach Sassariente zur Post fahren und nach Locarno, um dringend gewordene Einkäufe zu machen. Die Schneedecke auf dem Parkplatz sei nur noch etwa zehn Zentimeter hoch, hatte mir Michelangelo berichtet. Notfalls mußte ich eben Ketten montieren. Aber das fertiggestellte Manuskript mußte fort. Es brannte mich förmlich.

Die Postfrau in Sassariente umarmte mich beinahe.

«Wie froh bin ich», sagte sie, «wir haben uns Sorgen gemacht und uns entschlossen, am nächsten Sonntag nachzusehen, ob Sie gesund sind. Nun ist das nicht mehr nötig.»

Sie übergab mir einen Riesenstoß Briefe, Zeitungen, ein paar Päckchen – wahrscheinlich verspätete Weihnachtsgeschenke, die sich seit meinem letzten Postgang vor Weihnachten angehäuft hatten.

Es gab so viel zu erzählen, daß ich mein Manuskript schließlich abschickte, ohne vorher noch ein kleines Stoßgebet zum Himmel zu schicken.

Und dann war da noch ein grauer, eingeschriebener Brief für Michelangelo. Absender: die Staatsanwaltschaft des Bezirks Locarno. Das gefiel mir gar nicht. Anstatt nach Locarno zu fahren, kaufte ich nur die notwendigsten Lebensmittel in Sassariente und kehrte auf den Monte Valdo zurück. Bis etwa fünfzehn Meter vor der Abzweigung auf die kleine Ebene schaffte es mein Auto. Für den letzten, schäbigen Rest mußte ich, allerhand wüste Worte murmelnd, Schneeketten aufziehen.

Ein freundliches Räuchlein stieg in die blaue Luft. Michelangelo saß vor seinem Feuer, rechts und links je ein Hund, Susi kuschelte auf seinem Schoß, Bimbo hatte sich auf seinen Schultern niedergelassen.

«Wie konnte ich euch auch so allein lassen?» sagte Michelangelo nachdenklich. «Der blöde Schnee war schuld, und dann..., du weißt ja, wie das bei mir geht.»

«Wenn du magst, kannst du es mir ja dann einmal erzählen. Schau dir erst einmal diesen Brief an.» Mit diesen Worten gab ich ihm das ominöse graue Schreiben.

Er öffnete es und wurde bleich. Er ließ das Blatt sinken. «Da haben wir es nun. Weshalb hast du bloß darauf bestanden, mich bei der Gemeinde anzumelden? Solange die Polizei meinen Wohnort nicht kannte, war alles viel einfacher, und mir war es wohler dabei.»

«Michelangelo, du redest in Rätseln. Jeder Bürger, und somit auch du, hat die Pflicht, sich dort, wo er wohnt, eintragen zu lassen. Wie willst du sonst Steuern bezahlen?»

«Ich bin prinzipiell gegen Steuern. Aber das ginge noch. Da drin steht, daß ich ins Gefängnis muß.»

«Wie bitte?»

«Ich muß ins Gefängnis!»

Ich fragte nicht, weshalb, obwohl diese Frage mir heiß auf der Zunge brannte. Ich fragte: «Wie lange?»

«Vierzehn Tage. Kaum bin ich da, muß ich euch schon wieder allein lassen.» Michelangelo weinte heute bereits zum zweiten Mal. «Wenn ich bis morgen abend nicht freiwillig hingehe, kommen sie mich holen.»

«Wo mußt du denn hin?»

«Nach Lugano in die Strafanstalt. Ach, und der Weg vom Bahnhof bis dorthin ist so gräßlich weit.»

Also beschloß ich, Michelangelo persönlich in der Staatlichen Strafanstalt des Kantons Tessin in Lugano abzuliefern. Dann war ich wenigstens sicher, daß er wirklich dort war.

Eine Reise nach Lugano

Es war noch stockfinstere Nacht, als ich infolge eines ungewohnten Geräusches erwachte. Zoccoligeklapper auf den Steinen im Hof! Da draußen war jemand! Dann lachte ich vor mich hin. Natürlich. Michelangelo war ja zurückgekommen. Meine Sinne hatten sich in der totalen Einsamkeit geschärft. Ich erwachte wie ein wildes Tier ob jedem ungewohnten Geräusch. Wenn die Hunde dann nicht anschlugen, drehte ich mich aufs andere Ohr.

Diesmal erhob ich mich etwas verschlafen. Der Kaffeeduft zog durch die Mauerritzen. Michelangelo hatte bereits sein Feuer entfacht, davor den Tisch gedeckt. Nun war er damit beschäftigt, seinen Rucksack zu packen: zwei Hemden, Wäsche, sein geliebtes Buch «Le Arti Magiche» – Die Magischen Künste –, dann die Blockflöte.

Ich hatte irgendwo gelesen, daß Gefangene alle persönlichen Gegenstände abliefern müssen.

«Weshalb nimmst du denn um Himmels willen die Blockflöte mit?»

«Damit die sehen, welche Fortschritte ich seit dem letzten Mal gemacht habe, verstehst du?»

Ich verstand zwar nicht, wollte aber eine unnötige Diskussion vermeiden, denn Michelangelo war sichtlich nervös. So abgebrüht war er nun doch nicht, daß es ihm nichts ausgemacht hätte, ins Gefängnis zu gehen.

Um halb elf Uhr waren wir startbereit. Ich hatte Bimbo und Susi je in ein Körbchen gepackt, wo sie nun saßen und sehr empört miauten. Nun war es an Michelangelo, mich nicht zu begreifen.

«Wieso packst du die Katzen ein? Sollen die etwa auch mit nach Lugano kommen?»

«Ja», sagte ich, «aber nachher nehme ich sie mit nach Froda.»

Ich hatte mich letzte Nacht entschlossen, während der Zeit von Michelangelos Gefängnisaufenthalt nach Froda zurückzukehren. Nach «Froda Valle», dem Dorf beinahe zuhinterst im Acquaverde-Tal, dem Ort, an dem meine Liebe zum Tessin so richtig aufgeblüht war.

Ich wußte, ich konnte unangemeldet kommen. Die Leute von Froda nahmen mich so oder so mit Freude auf. Maria würde mein ehemaliges Zimmer bestimmt nicht vermietet haben und mich gerne beherbergen.

Aber vorerst fuhren wir gegen Lugano. Ich hatte ein Picknick mitgenommen. Wir verzehrten es irgendwo an einem geschützten Waldrand. Ein eisig kalter Wind blies.

Während der Fahrt saß Michelangelo neben mir, eine Baskenmütze auf dem Strubbelhaar, und gebärdete sich wie ein König, der von einer Chauffeuse durch die jubelnde Menge kutschiert wird. Wir kamen in Lugano an.

«Nun mußt du mehr nach links halten», erklärte der König. Wir langten beim Fußballstadion an.

«Jetzt noch mehr links.»

Und dann waren wir in einem Viertel mit vielen Wohnblöcken, wo ganz sicher das Gefängnis nicht sein konnte.

«He, du», rief Michelangelo einem Straßenkehrer zu, «wo ist die Garage Vismonti?» Dann wandte er sich zu mir und sagte: «Weißt du, die ist ganz in der Nähe des Gefängnisses.»

Der Mann erklärte uns, man müsse Richtung Hundeheim fahren, das sei angezeigt, und dann nach rechts abbiegen. Am Ende seiner langen und breiten Erklärungen fügte er bei: «Das ist aber nett von deiner Frau, daß sie dich sogar ins Gefängnis bringt. Wie lange mußt du sitzen?»

So sehr wie damals habe ich mir noch nie gewünscht, mich in eine Maus zu verwandeln und im engsten Löchlein zu verschwinden!

Das Tessin ist schön. Lugano ist schön. Aber der Weg zum Tessiner Gefängnis in Lugano ist fürchterlich. Man fährt einem Flüßchen entlang. Die Straße wird immer schmaler, immer löchriger, holpriger. Schließlich gelangten wir in eine enge, kleine Schlucht.

«Halt», befahl Michelangelo. «Hier muß ich noch meinen letzten Grappa trinken.»

Tun wir ihm auch das noch zuliebe.

Das Restauräntchen war bumsvoll. Lauter Männer saßen da, die in ein Geheul ausbrachen, als wir eintraten. Michelangelo war nicht nur im Locarnese, auch im Luganese bekannt. Der Wirt spendierte uns großzügig einen Caffè corretto, das ist schwarzer Kaffee, den man mit Grappa möglichst durchsichtig macht und dann mit viel Zucker trinkt.

Ich wurde gemustert von oben bis unten und wieder zurück und wünschte mir zum zweiten Mal ein Mausloch. Was diese Männer dachten, war in klaren Lettern von ihren Gesichtern abzulesen: «Wie sind *die* beiden bloß zusammengekommen?»

Wieder wollten sie wissen, wie lange Michelangelo sitzen müsse, und stellten mit lobender Anerkennung fest, was ich für ein liebes Geschöpf sein müsse, daß ich ihn sogar hierher brachte.

«Lasciate ogni speranza, voi ch'entrate», zitierte einer die Aufschrift zum Danteschen Höllentor.

Ich hatte mir mein Tor zur Hölle selbst aufgemacht.

Ach, zum Teufel mit der Hölle!

Wir fuhren bis zum Gefängnistor. Ich hielt auf einem riesigen Parkplatz, ließ Michelangelo aussteigen. Nochmals führte er ein Theäterchen auf. Diesmal für die neugierig aus ihrer Kabine schauenden Eingangswächter. Er nahm jede Katze aus dem Körbchen, küßte sie und tat sie zurück, umständlich den Deckel wieder schließend.

«Mach doch schon», drängte ich ärgerlich.

Dann mußte jeder der Hunde ihm Pfötchen geben, schließlich drückte er mir die Hand. Viel hätte nicht gefehlt, und ich hätte angesichts des Staatlichen Gefängnisses den ersten Kuß von Michelangelo bekommen. Mein Blick war aber doch bedrohlich genug, daß er dies nicht auch noch wagte.

Fröhlich seine Baskenmütze schwenkend, ging er endlich dem Eingang zu, und ich fuhr aufseufzend davon. Ich freute mich wie ein Kind auf mein Wiedersehen mit Froda.

Froda – viele Jahre zuvor

Gut zehn Jahre waren es jetzt her, daß ich auf einer Wanderung durch das Acquaverde-Tal Froda entdeckte. Ich erinnere mich so genau daran, als geschähe es gerade jetzt:

In Laverzona steige ich aus dem Postauto, obwohl ich eine Fahrkarte bis zum hintersten Dorf des Tales in der Tasche trage. Eine doppelt geschwungene Brücke, deren Mittelpfeiler auf einem Felsen aufliegt, ist schuld daran. Für mich ist diese aus Bruchsteinen gemauerte Brücke die schönste Brücke der Welt. Sie scheint von selbst gewachsen zu sein, um den Fluß zu überspannen, führt von nirgendwo nach nirgendwo, ruht in sich selbst.

Und dieser Fluß! «Acquaverde» heißt schließlich «grünes Wasser». Wenn man auf der Brücke steht und ins glasgrüne Wasser schaut, erkennt man auf dem mehrere Meter tiefen Grund jedes Steinchen, eine huschende Forelle.

Ein Gletscher hat vor vielen tausend Jahren die Felsen des Flußbettes so ausgeschliffen, daß sie viele einzelne Rinnen und ineinander mündende Wasserläufe bilden. Ihre grauen Oberflächen sind weich gerundet. Es sieht aus, als ob eine steinerne Elefantenherde hier durchzöge, die Füße vom Wasser umspült.

Ich wandere dem Fluß entlang talaufwärts. Einmal durch grüne Wiesen, an einem Wasserfall vorbei, der seinen Gischt so über die Felsen versprüht, daß man den Eindruck hat, eine riesige, langfingrige Hand umklammere den Hang. Verstreute Häuschen und Ställe, zum Teil mit eingestürzten Dächern, stehen im Jungwald. Es ist still, kein Mensch ist zu sehen. Nur das gemächlich rinnende Wasser plaudert mit sich selbst.

Das Tal verengt sich. Riesige Felsbrocken türmen sich im Flußbett, wohl Zeugen eines urzeitlichen Felssturzes. Der Fußweg steigt steil bergan. Und dann öffnet sich das Tal gleich auf zwei Seiten. In die Gabelung schmiegt sich ein reizendes Dorf mit einer liebevoll bemalten Kirche, einem wehrhaften granitgedeckten Schlößchen mit vier Ecktürmen, die durch Umfassungsmauern miteinander verbunden sind. Behäbige Häuser, sorgsam gepflegte Gärtlein, auf den Balkonen Geranien, Fuchsien, Begonien. Man spürt es: die Einwohner haben ihr Dorf gern.

Eigentlich will ich verweilen, aber dann sehe ich auf einem Wegweiser das Wort «Froda». Froda, das ruft eine seltsame Erinnerung an ein frühes Kindheitserlebnis wach.

Ich war als kaum vierjähriges Kind mit meiner Mutter zum ersten Mal im Tessin. In einem Dorf am Lago Maggiore, das auch Froda hieß. Es hatte nach Glyzinien geduftet, als wir in jenem Froda vom Schiff ans Land gingen. Ich stellte mich vor meine Mutter und erklärte ihr ernsthaft: «Mama, in Froda möcht' ich mein Leben lang bleiben!»

Immer wenn ich Glyzinien rieche, erinnere ich mich wieder an jenes Froda – und hier ist noch ein Ort, der so heißt. Den muß ich besuchen.

Die Talsohle ist hier breiter. Der Fluß rinnt in seinem riesigen Bett sanft dahin. Nach einer knappen Wegstunde bin ich im zweiten Froda meines Lebens.

Und da geschieht etwas Eigenartiges: Mir ist, als ob ich heimkehre! Irgendwie kenne ich jeden Stein, jeden Baum, das Heiligenbild an der Hauswand. Ich weiß, daß dieser Weg zur Kirche führt, daß ich, um die Ecke biegend, ein Backhäuschen finden werde. Es sind nur noch Ruinen da, aber über der schmiedeisernen Ofentüre kann ich die Jahreszahl noch lesen: 1763.

«Du spinnst wohl», sage ich zu mir selber.

Aber jenes Gefühl, «daheim» angelangt zu sein, läßt sich nicht verdrängen. Es ist kein jubelndes Glück, sondern eine wunderbare Ruhe.

Ich schlendere ziellos umher, überquere den Fluß auf einer stattlichen Hängebrücke, streife durch Wiesen, die durch unzählige Mäuerchen in kleine Vielecke und Kreislein aufgeteilt sind, begegne einem Mann, der mir freundlich «bun dì – guten Tag» sagt.

Man mag mich auslachen, aber ich bin heute sicherer denn je, daß ich in einem früheren Leben in Froda, in *diesem* Froda gelebt habe. Als Katze vielleicht. Darum hatte das Kind Kathrin, als es das Wort Froda hörte, seiner Mutter so grundlos erklärt, sein Leben lang in Froda bleiben zu wollen.

Meinen mystischen Gedanken nachhängend, lange ich, flußaufwärts gehend, bei einer zweiten Hängebrücke an. So schmal, daß ein mittleres breites und zwei seitliche schmälere Bretter die ganze Breite bilden. Das Geländer besteht aus Maschendraht, und am Brückenende ist ein Türchen.

Schauend, genießend, halte ich schließlich am Straßenrand bei einem Haus mit der Jahreszahl 1878 und einem frommen Madonnenbild. Ein paar Stufen führen zu einem von Sträuchern umstandenen Steintisch. «Negozio» steht an der Wand, und – gleich neben der Madonna – «bibite e coloniali» und weiter unten «ristorante». «Handlung», «Getränke und Kolonialwaren», «Wirtschaft». Ich setze mich an den Steintisch. Ein Hund bellt irgendwo. Schließlich kommt ein alter Mann mit weißem Seehundschnauz an einem Stock angehumpelt. Er hat freundliche blaue Augen, heißt mich willkommen und bringt mir ein Boccalino Nostrano – Wein, der um Sassariente und San Michele wächst, kredenzt in einem Keramikkrüglein mit Schnabel und Henkel. Wir plaudern allerhand. Ich frage nach einer Übernachtungsmöglichkeit. Die gibt es hier im Hause. Er muß nur seine Frau, die Maria, fragen.

Maria ist weit mehr als siebzig Jahre alt. Sie trägt ein dunkles Kleid, beinahe bis zu den Füßen, eine in Herbstfarben gemusterte Schürze, ein dunkelgraues Kopftuch und derbe, braune, hohe Schuhe.

«Wie heißt du?» fragt sie mich in einem schwer verständlichen Dialekt, in dem an vielen Wörtern hintendran mindestens drei überflüssige E und schlußendlich ein ganz kleines i angehängt sind.

«Kathrin Rüegg», sage ich.

«Ich werde dich ‹er Caterina – die Kathrin› nennen. Dein Name ist viel zu kompliziert für unsereinen. Und du kannst dableiben.»

So wurde ich an- und aufgenommen in Froda und gleich getauft. Ich fühlte mich bei Maria so glücklich und zuhause, daß ich dann viele Jahre lang zu jeder Jahreszeit meine Urlaube hier verbrachte.

Und dann hatte ich mit Guidos Hilfe den Monte Valdo gefunden, war im Mai dorthin gezogen und während des ganzen Jahres nur ein einziges Mal in Froda gewesen. Damals, als ich mit Onkel Arthur fischen ging...

Wie ich mit Onkel Arthur in Froda fischen ging

Es war an einem jener glühend heißen Augusttage gewesen, an dem wir alle – Onkel Arthur, Michelangelo, die Tiere und ich – den Schattenplätzen auf dem Monte Valdo nachgeschlichen waren und uns nach viel, viel Wasser und nach Kühle gesehnt hatten, als ich sinnend sagte: «Wie schön kühl wär's jetzt in Froda!»

Onkel Arthur hatte zwar erklärt, der Weg zum Monte Valdo sei so entsetzlich beschwerlich, daß er ganz lange nicht mehr weg wollte. Früh an jenem Samstagmorgen beschlossen wir aber dann doch, nach Froda zu fahren. Ich hatte mit meinen Schilderungen Onkel Arthurs Neugier geweckt.

Er geriet schon während unserer Reise förmlich aus dem Häuschen. «What a lovely river», rief er immer wieder aus.

Bei der Brücke in Laverzona mußte ich mein Auto parken. Onkel Arthur kramte seinen Fotoapparat hervor. Den muß man gesehen haben!

«Eine Leica», sagte er stolz.

«Eine antike Leica», korrigierte ich. Er brauchte ein Stativ, ein schwarzes Tuch, zog den Apparat auseinander wie eine Handharmonika, befestigte ein Drähtchen zum Auslösen, setzte den Apparat auf das Stativ und ging auf die Suche nach dem besten Bildausschnitt.

Das tat er ganz einfach, indem er, das Tuch über dem Kopf, in den Sucher seiner Kamera blickte und langsam vorwärts, seitwärts oder rückwärts stolperte.

«Mein Gott, Onkel Arthur, hör sofort auf damit, sonst fällst du in diesen Steinen, sonst ertrinkst du vor meinen Augen. Und deine Leica ist auch noch futsch!»

Der Hinweis auf die Kamera war es, der ihn zur Besinnung brachte. Er wurde vorsichtiger. Die Fotos der Brücke, die sich im grünen Wasser spiegelte – sie wurden phantastisch! Damals wußte ich das nicht. Ich hoffte es nur.

Endlich fuhren wir weiter.

In Briana wurden die fotografischen Exkursionen weiter ausgedehnt: Kirche, Schloß, Balkons mit Blumen, Gärtchen mit Blumen, Blumen mit Kirche, Steindächer... und plötzlich war Onkel Arthurs Filmvorrat zu Ende. Fertig.

«Wo, please, können wir weitere Filme kaufen?»

Nun hatte ich einen Grund, Onkel Arthur nach Froda zu locken.

«In Froda gibt es einen Kaufladen. Vielleicht gibt's dort Filme für dich.»

Aber als wir in Froda eintrafen, vergaßen wir beides: fotografieren und Filme.

«Ciao, Caterina! Wie schön, daß du wieder einmal da bist. Kommst du zum Nachtessen zu uns? Es gibt Polenta und Kaninchen.»

«Caterina, komm doch zu uns. Wir sollten wegen eines Feriengastes, der unser Zimmer im obern Stock mieten will, einen deutschen Brief schreiben.»

«Caterina, wir brauchen neue Vorhänge im Wohnzimmer. Hilfst du uns, die Stoffmuster auszusuchen?»

«Caterina, ich habe eine Freundin – una tosa – in der deutschen Schweiz. Rekrutenschule, weißt du. Sie hat mir einen Brief geschrieben, den ich beantworten möchte. Ich kann den Brief nicht lesen und ihr nicht schreiben.»

«Caterina, komm...»

«Caterina, hör...»

«Wie schön, das ist dein Onkel? Piacere, Signore.»

«Die Caterina hat ihren Onkel mitgebracht. Aus London, stell dir vor.»

«Ihr müßt dableiben. Morgen ist das Fest der Heiligen Anna, der Schutzpatronin des Dorfes. Dann spielt Marino das Glockenspiel. Unsere Glocken läuten mindestens so schön wie diejenigen des Big Ben. Das muß dein Zio hören.»

Onkel Arthur saß inmitten all dieser Leute. Er verstand kaum ein Wort, aber er sah die herzliche Sympathie.

Ein liebes, altes Männchen, vom ganzen Dorf Zio Alfonso – Onkel Alfonso – gerufen, kam mit einer Flasche selbstgebranntem Grappa. Er schenkte Onkel Arthur ein tüchtiges Glas voll ein, stieß mit ihm an: «Salute, Zio Arthur – nun bin ich nicht mehr der einzige Zio im Dorf.»

Wie die beiden sich einigten, miteinander morgen früh fischen zu gehen, war mir schleierhaft. Onkel Arthur sagte mir nur vor dem Schlafengehen, ich hätte ihn morgen um halb fünf Uhr zu wecken, please, und dann mitzukommen. Er gehe mit dem Zio Alfonso auf Forellenfang.

«Ja, kannst du denn fischen??»

«Natürlich, ich habe als Bub manchen Fisch aus dem Genfersee gezogen.»

Mir schien es ein großer Unterschied, in einem ruhigen See oder in diesem steinigen Gebirgsfluß zu fischen.

«Ich habe noch nie gefischt und kann deshalb auch nicht mitreden.»

«Du mußt gar nichts reden, nur mitkommen. Der Zio Alfonso besorgt eine Fischereikarte und wartet morgen früh um fünf Uhr bei der kleinen Hängebrücke auf uns. Eine Rute hat er mir schon dagelassen, und einen Fischkorb auch. Wir werden Michelangelo Forellen heimbringen, so groß, daß ihm die Augen aus dem Kopf kollern!»

Wir waren bei diesigem Wetter punkt fünf Uhr morgens, mit Angelrute und Korb bewaffnet, am Fluß. Von Zio Alfonso keine Spur...

«First we need worms», dozierte Onkel Arthur.

«Weiß ich auch. Aber woher nehmen wir sie, wenn der Zio Alfonso nicht kommt?»

Onkel Arthurs spitzer Finger stach wie ein Dolch in die Luft, als er auf mich zeigte: «This will be your job.»

Ich bin ein gutmütiges Geschöpf, dazu erzogen, gegenüber alten Leuten folgsam zu sein.

Also ging ich hin und kehrte Steine um. Mit einem Stecklein, damit ich die Würmer nicht berühren mußte, bugsierte ich sie in eine leere Konservendose, die ich aus dem Abfallkorb des Parkplatzes genommen hatte.

Ganz stolz präsentierte ich meinen Fund von sechs, sieben sich krümmenden und ringelnden Würmern Onkel Arthur.

«Ameiseneier wären besser gewesen», brummte der Undankbare.

Dann hielt er mir ein Bündelchen von fünf (fünf!!) Angelhaken vor die Nase und sagte kalt: «Tu sie drauf.»

«Ich? Was?»

«Spieße die Würmer da drauf!»

«Aber...»

«Ich hab' gesagt, daß du nicht mitzureden brauchst. Go on.»

So spießte ich denn voller Widerwillen auf jeden der Haken einen Wurm. Man mußte einen Teil der Haut auffassen, dann den Haken wieder zurückstoßen, so, daß die armen Würmer unwiderruflich fest daran hingen.

Wenn doch bloß der Zio Alfonso käme. Ich wagte es nicht, Onkel Arthur allein zu lassen. Zu leicht konnte er im steinigen Bachbett einen Fehltritt tun und sich verletzen.

Die Würmer waren aufgespießt. Onkel Arthur hatte sich, von Stein zu Stein kraxelnd, ächzend und fluchend – «those damned, damned stones» – ein gutes Drittel ins Flußbett gewagt, hob die Rute, um die Angelhaken ins Wasser zu werfen.

Wen verwundert's, wenn ich verrate, daß sie abwechslungsweise im Kragen meiner Jacke landeten, in einer Haselstaude, und – Gott allein weiß, wie Onkel Arthur das zustande brachte – sich viermal um sein linkes Bein wickelten. Ich mußte hierhin rennen und dorthin, schwitzte vor Anstrengung, fluchte, und konnte gleichzeitig das Lachen kaum unterdrücken.

Nach dem fünften Wurf waren alle Würmer entweder fortgeflogen oder zerquetscht.

Onkel Arthur stand frierend im Dunst und schaute mir armem Ding verächtlich zu, wenn ich beim Aufspießen der Würmer die Haken auch noch durch die Haut meiner Finger trieb.

«Weißt du, es ekelt mich einfach vor Würmern», erklärte er überflüssigerweise.

«Mich auch», sagte ich.

Aber das überhörte er großzügig.

Ich betete zu Petrus, daß Onkel Arthur keinen Fisch fangen möge. Ich wäre nämlich diejenige gewesen, die ihn töten mußte, weil es ihn bestimmt auch davor ekelte.

Es war nicht ganz einfach, einen schrulligen Onkel zu haben, der Forellen fangen wollte.

Gegen sechs Uhr stieß Zio Alfonso keuchend zu uns, tausend Entschuldigungen wegen seiner Verspätung murmelnd. «Fischen ist nichts für Weiber», sagte er. «Geh du nur heim.» Und – zu Onkel Arthur gewandt: «Come on, let's go.» Der Zio Alfonso, kleines, liebes Bergbäuerlein im Tessin, war in jungen Jahren wie so unendlich viele andere in Kalifornien gewesen und nun überglücklich, daß er seine Englischkenntnisse endlich wieder einmal anwenden konnte.

Ich ließ die beiden parlierenden und gestikulierenden Fischer allein, sah von weitem schadenfreudig zu, wie Onkel Arthur Würmchen aus einer Dose pickte, die ihm Onkel Alfonso mit generöser Geste anbot. Immer wieder ihre Ruten werfend, zogen die beiden flußaufwärts und verschwanden im Dunst.

Gegen neun Uhr, die Glocken bimmelten gerade den Gottesdienst ein, kamen sie zu Maria. Onkel Arthur zeigte mir stolz drei Forellen, eine davon allerdings knapp zwanzig Zentimeter lang, eine um die Hälfte länger. Die große sei für Michelangelo, bestimmte Onkel Arthur. Ich könne die kleinste haben, denn meine Mitarbeit sei nicht besonders bemerkenswert gewesen.

Wie es Onkel Arthur geschafft hatte, auf seine Weise gleich drei Forellen zu fangen, blieb wahrscheinlich Zio Alfonsos Geheimnis.

«Dein Onkel ist ein reizender Mann», sagte er äugleinzwinkernd, «aber fischen kann er nicht. Hauptsache ist aber, daß ihr öfters zu uns nach Froda kommt.»

«Was für reizende Leute, die Leute von Froda», sagte Onkel Arthur, als wir winkend wieder wegfuhren. «Und wie gern die dich alle haben. Eigentlich sähe ich dich lieber bei ihnen als auf dem Monte Valdo und mit Michelangelo.»

«Was willst du, nun gehört der Valdo mir, und ich habe dort meine Aufgaben. Aber schön ist's in Froda, und nicht

23

so heiß wie auf dem Valdo, und die Leute sind allesamt so lieb. Und Wasser haben sie auch genug, und man kann mit dem Auto hinfahren.»

Irgendwie klang da Neid mit und Heimweh nach Froda.

«Aber in Froda ist's dafür im Winter furchtbar kalt.»

Michelangelo hatte Polenta gekocht zu unserem Empfang. Stolz packte Onkel Arthur seine Fische aus – und wurde ehrlich.

«Dank dem Zio Alfonso kommen wir zu diesem Festmahl: Polenta und Forellen.» Mit einem Blick auf meine von den Angelhaken zerstochenen Finger entschied er: «Kathrin hat den größten verdient.»

Ja, dies ist also die Geschichte, wie ich mit Onkel Arthur in Froda Forellen fischen ging...

Willkommen in Froda

Und nun war es Januar geworden, ohne daß ich Froda je wieder besucht hatte. Ich war kaum vom Gefängnis weggefahren, als es sanft zu schneien begann, das, was unser Radio «Schnee bis in die Niederungen» nennt. Schnee in den südlichen Teilen des Tessins, in der Nähe der Seen, ist etwas Widersinniges, Abstruses. Man will es nicht wahrhaben, daß es in einer palmen- und feigenbewachsenen Gegend schneit. Auf dem Monte-Ceneri-Paß wirbelten die windgetriebenen Flocken quer durch die Luft. Vor Tankstellen und in den Gärten stachen die geknickten Wedel des Pampasgrases in merkwürdig unnatürlichen Winkeln ins grau-weiße Nichts. Ganz ernst kann man solchen Schnee, der kaum länger als zwei, drei Tage liegen bleibt, nicht nehmen, nur wenn man dann hört, welche Verkehrsstockungen er verursacht hat, bekommt man Respekt vor ihm.

In San Michele zweigte ich von der Hauptstraße ab in mein Acquaverdetal.

Im Winter ist diese Gegend für mich ein Märchenland, das mir ganz allein gehört. Nie wie in dieser Jahreszeit wünsche ich mir, zeichnen zu können.

Vogiro mit seinen wie Schwalbennester an den Berg geklebten Häuslein ist im Schnee auch ein Motiv für Schwarz/Weiß-Fotografen. Im Sommer achtet man die vielen Stützmäuerchen kaum, die die kostbare Erde an den Rebbergen festhalten. Jetzt durchzogen sie wie ein Netzwerk die Weiße des Schnees.

In Laverzona stand die letzte Palme traurig unter einer Schneekappe, zwei, drei Fächer geknickt. Die Schneehaufen am Wegrand wurden höher und höher. Mein braves Auto schnurrte bergauf – und Susi und Bimbo weinten ein herzzerreißendes, empörtes Katzenkonzert in ihren Körbchen.

Ich stoppte vor Marias Haus, hupte. Niemand kam. Kein Licht blinkte aus dem Fenster, kein Räuchlein kringelte sich in die Luft.

Weit unten bei der Brücke sah ich Emilia, die einen Tragkorb voll Streu zu ihren Ziegen trug. Ich rief sie. Sie blieb stehen und wartete auf mich.

«Ja, weißt du es denn nicht? Marias Mann ist tot, und sie bleibt wintersüber im Altersheim.»

«Und ich wollte sie fragen, ob ich zwei Wochen bei ihr wohnen könnte...»

«Mach dir keine Sorgen, irgendwo gibt's schon Platz für dich. Frag mal den Guido. Er hat mit dem Geld, das er von dir für den Monte Valdo erhielt, einen Stall provisorisch ausgebaut, um ihn im Sommer an Feriengäste zu vermieten. Den kannst du sicher haben. Nur wird es sehr, sehr kalt dort sein. Schau, dort drüben, das Häuslein unter dem großen Nußbaum.»

Sie wies über den Fluß. Allein auf einer Anhöhe gelegen, in der Nachbarschaft einiger Schafställe, lag Guidos Ferienhaus. Man nennt das ein Rustico. Guido hatte nordwärts an den steinbedeckten Stall einen Anbau mit Ziegeldach gemacht. Ein Seilbähnchen, dessen Wagen aus halbierten Ölfässern bestand, führte von einem Parkplatz über den Fluß bergauf bis vor das Haus. Zu Fuß würde ich den Weg in fünf, sechs Minuten schaffen.

Ich fand Guido. Er drückte mir die Hausschlüssel in die Hand. «Sieh es dir an. Wenn's dir gefällt, bleib dort und frier nicht zu sehr. Und Mäuse gibt es auch. Und laß die Wasserhahnen offen, daß die Leitung nicht einfriert, und tu Frostschutzmittel ins WC.»

Dann ließ er mich allein.

Es dämmerte. Ich fuhr zur kleinen Hängebrücke, lud meinen Rucksack auf die Schultern, nahm in jede Hand ein wimmerndes, schimpfendes Katzentier im Körbchen, zusätzlich hielt ich irgendwie die beiden ungeduldigen Hunde an der Leine. Die Hunde rissen daran. Ich glitt auf dem blanken Eis aus und knallte mit dem Hinterkopf auf den Boden. Der Rucksack war geplatzt. Der Inhalt eines ganzen Pakets Hundebiscuits flog durch die Luft und sprenkelte den Schnee.

«Willkommen in Froda», murmelte ich, sammelte mühsam meine Knochen, Katzen, Rucksack, Hunde und übriggebliebenen Kräfte, überquerte die schwankende Brücke und stieg bergan.

Die Hunde schnüffelten am Boden, nahmen die Spuren der Schafe auf, zogen nach rechts und nach links.

Ich folgte dem Zickzackweglein durch die Haselstauden, öffnete ein Gartentörchen. Eine Rosenranke riß mich am Haar.

Zum Kleinen Paradies

Ich stand in einem kleinen, romantischen Hof, in dessen Mitte ein stattlicher Nußbaum die Äste so weit ausbreitete, daß im Sommer hier auch am heißesten Tag Kühle zu finden war. Jetzt lag überall kniehoher Schnee. Ein Meisen-Nistkästlein trug einen Turban aus Schnee. Auf dem runden, steinernen Gartentisch türmte er sich zu einem Riesen-Napfkuchen.

Ich öffnete die zweigeteilte Tür zu einer winzig kleinen Küche. Eine Wand war blanker Fels. Ein Ausguß aus Keramik war da, ein Tisch, ein Regal mit einigen Tazzini und einem Kochtopf drauf, ein Butangaskocher wie auf dem Monte Valdo, und – ich staunte – ein Butangas-Durchlauferhitzer.

«Vornehm ist es hier», erklärte ich den Hunden.

Um ins Wohnzimmer zu gelangen, mußte ich über eine Außentreppe steigen. Ich trug die beiden immer energischer protestierenden Katzen hinein und öffnete die Körbchen. Sie sprangen heraus, beschnupperten alles: die mit häßlichen Schwartenbrettern verkleideten Wände, den viel zu großen Tisch, die Bank. Dann gingen beide in den Kamin und verrichteten dort verächtlich ein sehr dringend gewordenes Geschäft.

In diesem Wohnzimmer war es noch kälter als draußen. Gottlob waren Anfeuerholz und Holz bereits aufgeschichtet. Ich brauchte nur ein Streichholz, um ein Feuer zu entfachen und meine klamm gewordenen Hände etwas zu wärmen.

Froda liegt achthundert Meter über Meer. Die Sonnenscheindauer beträgt im Winter kaum mehr als drei Stunden – wenn die Sonne scheint. Aber jetzt schneite es. Hier war es um mindestens zwei Pullover und eine Jacke kälter als auf dem Monte Valdo.

Guidos Haus hatte zwei Schlafzimmer, die beide von der Hinterfront des Hauses vom Freien her zugänglich waren. Ich schleppte eine Matratze vor den Kamin, dessen Glut herrlich wärmte.

Und elektrisches Licht gab es im Haus und sogar ein Telefon. Welch ein Luxus!

Ich genoß das Licht und noch viel mehr das Telefon. Zum Glück mahnte mich der automatische Zähler. Wie nichts hätte ich sonst das Lebensmittel-Budget einer ganzen Woche an einem einzigen Abend vertelefoniert.

Mit meiner Taschenlampe ging ich nochmals zum Parkplatz hinunter, um die verstreuten Hundebiscuits einzusammeln.

Als ich zurückkam, lagen beide Hunde und beide Katzen auf der Matratze. Wieder einmal aßen wir gemeinsam «pang e formacc'» – Brot und Käs'. Irgendwie schafften wir es, alle fünf bequem auf der Matratze zu liegen und uns gegenseitig warmzugeben.

Der Fluß rauschte, die Glocken riefen um acht Uhr ihren Gute-Nacht-Gruß. Ich schaute abwechselnd in die flackernden Flammen des Kamins, auf die Lichtlein von Froda, auf meine vier Kumpänchen – und war glücklich. Hier war ich auch allein, aber doch in Sicht- und Rufweite anderer Leute. Und um Michelangelo mußte ich mich auch nicht sorgen. Es war mir lieber, ihn im Gefängnis zu wissen, als zu vermuten, er übernachte wieder in einer Telefonkabine bei der Post in Locarno.

Beim Erwachen das Rauschen von Wasser zu hören. Wer kann schon wissen, wie herrlich das Gefühl ist, in der Nähe eines Flusses zu wohnen.

Das Monte-Valdo-Leben mit seinen Entbehrungen hatte mir enorme Vorteile verschafft. Der alltäglichste, kleinste Komfort war für mich Luxus, den ich in unbeschreiblichem

Maß genoß. Nur wer ein Jahr lang jeden Tropfen Wasser von weither schleppen mußte, konnte eine Dusche so genießen wie ich.

Eine Dusche! Das war die große Überraschung in Guidos Haus. Eine winzige Waschschüssel, ein Klo (man denke: «water closet *with* water» würde Onkel Arthur hier sagen), eine Brause, zwei Hahnen für warmes und kaltes Wasser, eine elektrische Strahler-Heizung. Rein scherzeshalber drehte ich am folgenden Morgen am Warmwasserhahn. Eisig floß es zuerst, dann lauwarm, dann – hurra – es dampfte. Der Durchlauferhitzer in der Küche war dank Guidos Bastlerkunst an der Badezimmerleitung ebenfalls angeschlossen. Ich ließ das Wasser so lange laufen, bis der kleine Raum einem türkischen Dampfbad glich. In der Eiseskälte von Froda – das Thermometer zeigte minus vierzehn Grad – nahm die Kathrin Rüegg schließlich eine heiße Dusche.

Die zwei Wochen von Michelangelos Gefangenschaft vergingen wie im Fluge. Ich wurde überall eingeladen, bedingte mir jedoch aus, in der Küche beim Zubereiten der Mahlzeiten mitzuhelfen. Ich ging aber nur mittags aus, denn ich scheute den nächtlichen Heimweg zu meinem Kleinen Paradies. Es durfte nicht sein, daß ich ausglitt und nicht mehr heimgelangen konnte. Emilia würde mich erst am andern Morgen – und wahrscheinlich sehr tiefgekühlt – finden.

Warum ich Guidos Haus mein «Kleines Paradies» nenne? Er hatte in schmiedeisernen Lettern diesen Namen an der Außenmauer anbringen lassen: «Al paradis pining». Ein kleines, ein hübsches, ein sehr kaltes Paradies allerdings.

Ich verbrachte die Abende vor dem Kamin, ließ meine Augen durch den Raum schweifen und – dies ist eine «déformation professionnelle» – richtete in Gedanken das ganze Haus ein. Ich wußte genau, wie.

Ich spinne

Das Acquaverdetal ist eine der wenigen Schweizer Gegenden, wo Wollespinnen zum Alltag der Frauen, besonders der älteren gehört. Warum sollte ich meinen Urlaub vom Monte Valdo nicht auch dazu verwenden, dies zu lernen? Spinnen ist doch der Ur-Anfang aller textilen Arbeiten. Was könnte man doch alles nicht, gäbe es nicht den gesponnenen Faden: stricken, sticken, häkeln, weben, Teppiche knüpfen, klöppeln...
Ich sah mich bereits auf dem Monte Valdo vor dem Kaminfeuer sitzen, die Wolle meiner eigenen Schafe spinnend. Aber das war – wie vieles andere – vorderhand eine Utopie. Spinnen ist, wenigstens am Anfang, wie alle Handfertigkeiten eine schwere Kunst. Hätte meine Spinnlehrerin, die Fiorente, nicht eine Engelsgeduld mit mir gehabt, nie hätte ich es fertiggebracht. Spinnen ist, so absurd das tönt, dem Autofahren-Lernen verzweifelt ähnlich: man muß an zwei, drei verschiedene Bewegungen, die scheinbar nichts miteinander zu tun haben, zu gleicher Zeit denken. Es schaut so einfach aus, das Rad zu treten, den Faden zu ziehen – bis man es selbst tun soll.

Nach ein paar Tagen hatte ich jedoch den Dreh heraus. Nun wurde ich eine eifrige Spinnerin. Ich versuchte, Fiorente den Doppelsinn zu erklären, den das Wort «Spinnen» in der deutschen Sprache hat. Sie begriff ihn nicht. Gewiß, besonders intelligent muß eine Spinnerin nicht sein. Man braucht nichts zu zählen, nichts zu berechnen, zieht einfach seinen Faden, bis die Spule voll ist. Aber es läßt sich so schön plaudern dabei. Fiorente lieh mir ihr altes Spinnrad, das ich nach Hause nahm, um auch abends zu üben. Tat ich's allein, dann schweiften meine Gedanken auf den Monte Valdo, kehrten zurück nach Froda, spann ich viele Pläne.

Ein handfester Plan war, daß ich bald ein eigenes Spinnrad haben wollte. Gualtiero, der Drechsler, fertigte solche an. Ich hätte es gerne gekauft. Es kostete dreihundertfünfzig Franken. Ich ließ mir etwas einfallen, um mir mein Spinnrad zu finanzieren.

Daß wegen diesem Spinnrad der Monte Valdo beinahe verbrannte, ist eine andere Geschichte, die nur mir passieren kann.

Anderthalb Wochen waren vorbei, als ich zwei Postkarten erhielt. Die eine war vom Verlag, an den ich mein Manuskript gesandt hatte. Text, kurz und bündig: «Wir danken für Ihr Manuskript. Sie hören wieder von uns.»

Vielversprechend!

Die andere war von Michelangelo: «Sie lassen mich am Siebzehnten nach Hause. Holst du mich?»

Meine Antwort an ihn war vielleicht schwer begreiflich, hatte aber mit meinem Spinnrad-Plan zu tun:

«Hole dich am Siebzehnten vor dem Mittagessen. Wir brauchen dringend einen Schreiner. Kennst Du einen? Besinne dich. Gruß. Caterina.»

Ich meldete mich an der Gefängnispforte. Michelangelo saß bereits auf einem Armsünder-Wartebänkchen in der Loge. Er warf einen triumphierenden Hab-ich-nicht-gesagt-ich-werde-von-einer-Frau-abgeholt-Blick auf die Wärter.

Die Katzen miauten im Körbchen, die Hunde jaulten entzückt. Die Monte-Valdo-Belegschaft war wieder vereint.

Bruno, der bergamaskische Schreiner

«Was ist das wegen dem Schreiner?» wollte Michelangelo wissen, bevor wir auch nur das Gefängnisareal verlassen hatten. Wir erreichten das Luganeser Stadtzentrum, bis ich ihm alles erklärt hatte.

Erstens: Ich wollte ein Spinnrad kaufen. Gewiß, das war nicht lebensnotwendig, aber Spinnen machte so viel Spaß. Und *ein* Vergnügen durfte ich doch auch haben, nicht?

Zweitens: Dieses mußte finanziert werden.

Drittens: Es war ja sowieso geplant gewesen, die Casa Caterina als erstes Haus zu vermieten. Die Ausbau-Arbeiten sollten nun beschleunigt in Angriff genommen werden.

Am wichtigsten war eine innere Treppe, die den Wohnraum mit dem im Dachstock liegenden Schlafraum verband. Das war doch ein Haus für vier Personen, auch wenn die Küche noch fehlte. Aber ich wollte meine Gäste selbst verpflegen, meine in Froda erworbenen Tessiner Kochkenntnisse nutzbringend anwenden.

Michelangelo begriff.

«Können wir die Treppe nicht selbst zimmern?»

«Verstehst du etwas von Schreinerarbeiten?»

«Nein, du?»

Michelangelo war so gewohnt, daß ich vom Bauhandwerk allerhand verstand, daß er vorausgesetzt hatte, ich könne auch schreinern. Mauern und verputzen, betonieren hatte ich bei Marco gelernt, Elektriker-Arbeiten bei Silvio. Dann war Michelangelo aufgetaucht, wir hatten frohen Mutes die Instandstellungsarbeiten auf dem Monte Valdo begonnen, nach Wasser gegraben und keines gefunden, Kartoffeln gepflanzt und geerntet. Und meine Schreiner-Lehre, die ich eigentlich ursprünglich geplant hatte, war in Vergessenheit geraten.

«Ich glaube, ich kenne jemanden, der uns helfen könnte», sagte Michelangelo. «Bruno aus Bergamo. Er wohnt in San Michele.»

Wir fuhren hin.

Bruno war beim Mittagessen, als wir hereinschneiten. Es brauchte wenige Worte, um ihm das Problem auseinanderzusetzen. Ich brauchte einen Schreiner, der mir drei Fenster und eine Türe innerhalb von etwa drei Wochen anfertigte, und – das war wichtig – der ohne elektrische Werkzeuge aus altem Kastanienholz eine Treppe zimmern konnte. Und natürlich durfte alles nur ein Minimum kosten.

Wie schon Ugo der Weise, der uns die lecken Dächer geflickt hatte, kam auch Bruno bereits am folgenden Tag. Auch das ist schön im Tessin: wenn man jemanden wirklich braucht, dann findet man Hilfe. Sofort.

Bruno schaute aus wie das erwachsen gewordene Jesuskindlein auf dem berühmten Bild von Murillo. Lockige, braune Haare, rundes Gesicht, warme, braune Augen.

Und Bruno war geschickt. Er maß die Fensteröffnungen, eine Türe mit großer Glasscheibe, die hinter der Stalltüre des Schlafzimmers verborgen blieb und so von außen den Aspekt des Unberührtseins der Häuser wahrte. Er fand das Kastanienholz für die Treppe gut. Dieses Holz war die einstige Futterkrippe im Stall gewesen. Für die einzelnen Stufen war Material vom teilweise morschen Heuboden vorhanden.

«Wird alles rechtzeitig fertig sein?» Ich fragte etwas bange.

«Aber sicher», beteuerte Bruno und klappte sein Metermaß zusammen. «Ich komme, wenn es Ihnen recht ist, über jedes Wochenende. Hier stört es niemanden, auch wenn ich sonntags säge und hämmere.»

«Aber dann bringen Sie Ihre Familie mit?»

«Gerne, wenn es schönes Wetter ist. Meine Frau kocht wunderbar.»

Hurra, dann konnte ich mein Rezeptbuch auch auf bergamaskische Gerichte ausdehnen.

Brunos Treppe wurde ein Meisterwerk. Sie sah aus, als ob sie schon immer da gewesen wäre. Sie führte quer durch den

Wohnraum und unterteilte ihn optisch. Auf der einen Seite der große Kamin mit den Sitzbänken davor, auf der andern Seite ein Eckdiwan, gleichzeitig Schlafgelegenheit für zwei Personen, ein niedriger Tisch, zwei bequeme Sessel mit strohgeflochtenen Sitzen.

Die Öffnung zum Schlafzimmer konnte man mit einer Klappe schließen. Das war im Winter von Vorteil, wenn man die Wärme des Kamins zusammenhalten wollte.

Es gibt viele Schreiner, die haben überhaupt nie gelernt, ohne elektrische Werkzeuge zu arbeiten. Bruno aber behalf sich mit den primitivsten Mitteln. Eine Falce – ein gewöhnliches Haumesser – genügte ihm, um die Bretter den Unebenheiten der Mauern anzupassen. Und Kastanienholz, besonders altes, ist sehr hart und schwer zu bearbeiten.

Man sah es Bruno an. Er war sehr stolz auf sein Werk. Ich lobte ihn auch entsprechend.

Zusammen mit Michelangelo setzte er Fenster und die Tür ein. Wir verputzten den Wohnraum. Fertig. Die Vermieterei konnte losgehen.

Das Spinnrad und seine Folgen

Ich konnte ja nicht ganz genau wissen, ob es so sein würde, aber ich hoffte, daß Michelangelo eines Tages zu einem ihn interviewenden Reporter sagen würde:

«Wieso ich entdeckt wurde?» Dann würde er sich in seinem Strubbelbart kratzen, mit der Hand über sein Strubbelhaar fahren, mit einem südländischen Augenrollen gegen den Himmel schauen, nachdenken.

«Eine ganz komische Geschichte. Wenn ich mir's genau überlege, war's, weil die Caterina sich in den Kopf gesetzt hatte, unbedingt und raschmöglichst ein Spinnrad zu kaufen.»

Der Reporter würde etwas ratlos dastehen, mich anschauen, wieder Michelangelo. Unentschlossen, wem er nun das Wort erteilen sollte, würde er endlich, an beide gerichtet, sagen: «Wie bitte?»

Worauf wir wieder gleich weit wären wie vorher.

«Also, das war so», sagt Michelangelo, «als die Caterina aus der Zeitung letzten Sommer von dem Bankkrach erfuhr und ihr ganzes Geld futsch war, da war sie ganz schön durcheinander. Ist auch begreiflich. War auch für mich verdammt unangenehm. Zog daraus den Schluß, daß es besser ist, nichts zu haben. Dann kann man auch nichts verlieren.»

Der Reporter, der natürlich unsere Geschichte kennt, würde nicken und selbst fortfahren, obwohl gute Reporter ihre Interviewpartner sprechen lassen sollen: «Und da war kein Geld, um ein Spinnrad zu bezahlen.»

«Genau», würden Michelangelo und ich sagen.

Nachstehend die Abschrift des Tonbandes, das mir dieser Reporter freundlicherweise überlassen würde:

Michelangelo: «Der Zio Arthur war damals auch bei uns. Wir zerbrachen uns den Kopf über Verdienstmöglichkeiten, damit wir auf dem Monte Valdo bleiben und mit dem Ausbau der Häuser fortfahren konnten. Ich wollte als Maronimann nach Locarno gehen, aber weder die Caterina noch der Onkel Arthur fanden das gut. Schließlich kochten wir aus grünen Tomaten viele, viele Kilogramm Marmelade nach Onkel Arthurs Geheimrezept. Aber das war nur ein Saisongeschäft. Grüne Tomaten gibt's nur im Herbst. Die Caterina wollte aber nicht so lange auf ihr Spinnrad warten.

Also blieb nur noch die Möglichkeit, bald bezahlende Gäste aufzunehmen. Ausgerechnet im frühen Frühling, wenn ohnehin alle Hotels und Ferienhäuser leer stehen. Die Caterina gab also eine Anzeige auf.»

Ich: «Ich brauchte lange, um den Text zu formulieren. Er

mußte kurz sein, weil Anzeigen teuer sind. Er mußte auffallen. Ich mußte etwas besonderes bieten. Schließlich lautete er:

‹ROBINSON-Ferien! In abgelegenem Tessiner Dorf sind JETZT vier Betten frei. Einfache, saubere Unterkunft. Überhaupt kein Komfort, kein Telefon. Vollpension. ECHTE TESSINER KÜCHE, absolut verkehrsfreie Lage, gesunde Luft, Gelegenheit zu Wanderungen.

Anfragen an Caterina Rüegg, Sassariente.›

Daraufhin erhielt ich drei Anfragen. Alle von Hotel- oder Gaststätten-Besitzern.»

Der Reporter: «Glauben Sie, das war wegen Ihres Hinweises auf die Tessiner Küche?»

Ich: «Ja und nein. Zu dieser Jahreszeit ist die Zeit der Winterurlaube vorbei und die Sommersaison hat noch nicht begonnen. Folglich fahren Inhaber von Touristenbetrieben dann in die Ferien. Urs und Betty Padrun haben mir verraten, daß es neben den Robinson-Ferien, die sie sich für ihre Kinder wünschten, wirklich die Tessiner Küche gewesen sei, die sie dazu bewogen hatte, mir zu schreiben.»

Der Reporter: «Urs und Betty Padrun waren Ihre ersten Monte-Valdo-Gäste! Jetzt verstehe ich alles.»

Nun wird die Stimme des Reporters, der bisher im Plauderton gesprochen hat, offizieller, zackiger. Ich kann nichts dafür, ein bißchen fußballmatchiger:

«Liebe Hörerinnen und Hörer: Ich hatte vor einigen Wochen Gelegenheit, Ihnen im Rahmen einer ‹Aktuelle-Kunst›-Sendung das Ehepaar Padrun-Goetz vorzustellen. Betty Padrun-Goetz ist die Tochter des bekannten Kunstsammlers in Zürich. Sie hat in Kunstgeschichte promoviert und arbeitet als Kritikerin bei verschiedenen in- und ausländischen Fachzeitschriften. Ihr Hobby ist die Organisation von Ausstellungen unbekannter Maler in den Räumen der Rôtisserie

‹Stüva d'Art› in Arosa, deren Besitzer und Leiter ihr Mann, Urs Padrun ist.

Dank dem Spinnrad suchte Fräulein Rüegg Gäste, fand die Padruns, die ihrerseits nun den Maler Michelangelo entdeckten!

Das Leben selbst schreibt doch die spannendsten Geschichten.»

Ende der Tonband-Abschrift, die meiner Phantasie entsprang und der Geschichte vorgreift, die ganz anders endete.

Vorläufig wußten wir von den Padruns nur den Namen und daß sie unsere ersten Gäste sein würden.

Die Ersten Monte-Valdo-Gäste

Als ihre Zusage eintraf, überkam uns das große Lampenfieber. Michelangelo wünschte sich zum Empfang der Gäste sehnlich eine grüne Portierschürze mit Messingkettchen. Ich suchte in sämtlichen Geschäften Locarnos nach einer solchen, fand sie nicht, kaufte schließlich Stoff und Kettchen, um meine Abende statt mit Stricken mit dem Nähen dieses wichtigen Uniformstückes zu verbringen. Als Krönung des Ganzen setzte ich eine schöne, halbrunde Tasche vornedrauf – um sie nach Wunsch des Bestellers gleich wieder abzutrennen. Dieses Modell sei für Gärtner. Portierschürzen hätten nur ein rechteckiges Täschchen rechts. Für Trinkgeld.

Woher er nun das wieder wußte?

Mindestens so wichtig wie Michelangelos Schürze war aber mein Menüplan. Ich hatte echte Tessiner Küche versprochen. Meine Gäste sollten sie erleben, sich daran erlaben.

Die Kochweise der Tessiner Bauern ähnelt derjenigen der Italiener, ist aber einfacher, indem man *eine* Hauptspeise auf den Tisch bringt, die so nahrhaft ist, daß nachher im Magen höchstens noch für ein Stückchen Käse Platz ist.

Zudem – und das war wichtig für mein Budget – besteht sie fast ausnahmslos aus einfachen, billigen Zutaten. Der Grund ist begreiflich: bis vor wenigen Jahrzehnten waren die Bewohner der Tessiner Bergtäler so arm, daß sie von ihren Tieren nur die billigsten Stücke selbst behielten und sich sonst mit dem behalfen, was Garten, Wald und die Jagd (auch diejenige außerhalb der Jagdzeit) lieferten.

Michelangelo behauptete, ich koche «come una vera nonna ticinese» – wie eine echte Tessiner Großmutter. Dazu kamen nun noch die Geheimnisse der bergamaskischen Küche, die ich Santina, Brunos Frau verdankte.

Herauszufinden, weshalb all diese Speisen so herrlich und so speziell südlich munden, brauchte einige Zeit. Und dabei lag es so sonnenklar da: man muß alles, sei es nun Reis oder Fleisch oder Gemüse, ganz, ganz langsam kochen. Im Schweizerdeutschen, wo man auch dem Tätigkeitswort eine Verkleinerungssilbe anhängen kann, sagt man dem «chöcherle», also etwas nicht kochen, sondern «köcherln». Und wenn man sich weiter nach dem Grund dieses Langsam-und-Zart-Kochens fragt, wird es einem noch klarer: die Rezepte stammen aus einer Zeit, wo man nur einen großen Kochtopf hatte und den über das offene Feuer hängte. Holzfeuer ist nie so heiß wie eine elektrische Kochplatte oder eine Gasflamme, es sei denn, man schalte beide nur auf halbe Stärke.

Doch nun zu unseren Gästen:

Die Padruns wollten ihre Urlaubsreise mit dem Wagen machen. Wir verabredeten uns deshalb im Ristorante Centrale in Sassariente, denn ohne Lotse fand niemand unser Dorf.

Irgendwie spüre ich es immer, sobald ich jemanden kennenlerne, ob er die gleiche Wellenlänge wie ich hat. Was immer diese Wellen sein mögen, elektrische Strömungen oder

Einbildung oder – wie Michelangelo sagt – das Fluidum: bei den Padruns war alles vorhanden.

«Ich bin die Kathrin», sagte ich. Hier gewöhnt man sich das umständliche Getue mit Herrn Sowieso und Fräulein Weißnichtwie ab.

«In dem Fall bin ich der Urs, und dies ist Betty, meine Frau, und hier sind Reto und Anina, die beiden Ungeheuer.»

Urs hatte dunkle, gepflegte Haare und einen dunklen Bart. Irgendwo in einem Hinterschublädchen meines Gehirns registrierte ich, daß dies nun schon der dritte Mann mit Bart sei, der den Monte Valdo bevölkere. Michelangelo war der erste gewesen, Onkel Arthur mit seinem gepflegten Silberbart der zweite, und nun Urs.

Betty war blond, zart, blauäugig, liebenswürdig.

Die etwa sechsjährigen Zwillinge, die Ungeheuer hingegen, die waren rothaarig. Ihre Haare flammten förmlich. Anina trug sie in zwei abstehenden Zöpfchen, wie Pippi Langstrumpf, Reto schien ein Käppchen aus versehentlich zu rot gefärbtem Pelz angezogen zu haben. Beide hatten rechts oben eine Zahnlücke und viele, viele Sommersprossen auf der Nase.

Michelangelo hatte ein untrügliches Gefühl, sich groß in Szene zu setzen. Wie er da wartend auf dem Parkplatz stand, beinahe in Achtungstellung, den Gerlo (Tragkorb) auf dem Rücken, seine funkelnagelneue grüne Schürze mit dem Trinkgeldtäschchen umgebunden: ein einmaliger Anblick! Zudem trug er eine zwar abgeschabte und zerknitterte, aber doch saubere schwarze Weste und ebensolche schwarze Hosen, Schätze aus seinem Jutesack. Das einzige, was fehlte, war eine Portiermütze mit der Aufschrift «Monte Valdo». Dafür war er flankiert von Grano und Bona.

Die beiden Hunde, die eigentlich nie fremde Menschen sahen, zeigten uns neue Charakterzüge. Grano zog den

Schwanz ein und versteckte sich ängstlich hinter Michelangelo, als die beiden Kinder aus dem Wagen stürmten. Bona hingegen sprang auf sie zu, leckte ihnen die Gesichter ab, bevor sie auch nur wußten, wie ihnen geschah. Sie gebärdete sich so überglücklich, daß schließlich Kinder und Hund in einem wirbelnden Knäuel über den Boden rollten.

Und ich? Ich schämte mich, einen so ungebärdigen Hund zu haben.

Mit einer kameradschaftlichen Geste gab Betty Michelangelo einen Koffer und wollte sich ihren Rucksack auf den Rücken schwingen.

«No, no», protestierte Michelangelo, «das ist nichts für Frauen», verstaute Rucksack, Schirme, Windjacken, Bergschuhe, Pakete im Gerlo und nahm in jede Hand einen Koffer. Mit dem Kinn deutete er mir, den Rest zu tragen. Daß für mich drei Koffer übrig blieben, schien ihn keineswegs zu stören. Von mir wußte er, daß ich Lasten tragen konnte. Urs nahm trotz meines Widerspruchs den schwereren Koffer und überließ mir den Rest. Dann begab sich der Zug der Ersten Feriengäste auf den Monte Valdo.

Die Kinder rannten voraus, verschwanden um die Wegecke und begrüßten uns, als wir zu den alten Kastanien kamen, mit einem Huronengebrüll. Sie waren auf einen der Bäume geklettert, hatten entdeckt, daß er hohl war, und sich im Stamm versteckt, bis wir nichtsahnend ganz nahe an ihnen vorbeigingen. Sie spielten jetzt schon Robinson. Ich hatte mir das also richtig vorgestellt.

Vor meinem Weggang hatte ich eine Busecca aufs Feuer gesetzt und den Tisch im Wohnraum der Casa Caterina, mit Primeln, Blättern und trockenem Farnkraut geschmückt, ganz besonders schön und festlich für vier Personen gedeckt.

Susi und Bimbo erwarteten uns auf besonders originelle Weise. Sie saßen mitten auf dem Tisch, auf dem nun Bestecke, Gläser, Teller, Blümchen und Blätter wild durcheinander lagen. Wie zwei fauchende, wilde Bestien stoben sie jetzt davon und zeigten den Padruns, vor allem den Kindern, daß auch sie Ungeheuer seien, und daß sie eine totale Abneigung gegen Fremde hätten.

Michelangelo hatte im Kamin ein wie wir uns vorstellten idyllisches Feuer vorbereitet, zündete es an. Ein grauenhafter Rauch durchqualmte den Raum. Wir husteten und rannten alle fluchtartig ins Freie.

Mein Selbstvertrauen als Gastgeberin war zerschmolzen wie Formagella-Käse an der Glut.

Es war Urs, der mich von meinen Seelenqualen erlöste. Er war schnuppernd dem Düftlein der Busecca gefolgt und dabei in Michelangelos Haus in der Küche angelangt.

«Essen wir doch alle da», sagte Urs. «Die Suppe bleibt heißer, wir können miteinander plaudern, dieses Feuer scheint uns freundlicher gesinnt zu sein, was brauchen wir noch mehr. Danke trotzdem für die Blümchen.»

Urs war in jenem Moment der liebste Mensch auf Gottes weiter Erde für mich.

Für ihn zählte offenbar momentan nur diese Busecca. Schon bevor wir sie kosteten, wollte er das Rezept wissen.

«Dieser Duft – mmmh!»

Urs verriet mir, daß er neben den andern Hotelfach-Berufen auch als Koch, bitte, als eidgenössisch diplomierter Koch, sein Examen abgelegt habe, eigentlich aber Koch aus Leidenschaft sei. Er hatte eine große Sammlung von Rezepten aus allen Teilen der Schweiz, die er gelegentlich veröffentlichen wollte. Das Kapitel «Tessin» sei noch nicht geschrieben.

«Kathrin Rüegg, da mußt du dich aber gewaltig anstrengen», sagte mein inneres Stimmchen.

Urs notierte auf Seite eins seines brandneuen Notizbuches Esterinas Busecca-Rezept:

«½ Tasse eingesottene Butter oder Fett
1 Tasse grob gehackte Zwiebeln
1 Tasse Karottenstäbchen, 3 cm lang und 5 cm dick
1½ Tassen Lauchringe, 5 mm dick
1 Tasse Selleriestäbchen, wie Karottenstäbchen
1 Tasse kleine Blumenkohlröschen
1 Tasse Weißkohl, in 5 mm breite Streifchen geschnitten
1 Tasse Kartoffelwürfelchen, 1 cm groß
1 Kaffeelöffel feingehackten Knoblauch
1½ Tassen Borlottibohnen oder weiße Bohnen, am Vortag eingeweicht
1 mittlere Dose Tomatenpüree
500 Gramm Kalbsgekröse oder Kutteln (Kaldaunen), vom Fleischer vorgekocht, in Streifen geschnitten
2 Liter Fleischbrühe
½ Tasse Reis

Zwiebeln glasig dünsten, alle Zutaten außer Reis und Kartoffeln beigeben, zwei Stunden auf kleinem Feuer chöcherle, Reis und Kartoffeln noch eine halbe Stunde mitkochen. Geriebenen Parmesankäse dazu servieren, Pfeffer und Salz nach Belieben.»

Wir aßen alle schweigend. Man hörte nur das Klappern der Löffel am Tellerrand, später hie und da ein zufriedenes Seufzen. Nach meiner Erfahrung gibt es kein größeres Kompliment für eine Köchin. Betty machte mir aber noch ein weiteres. Sie gestand mir, daß weder sie noch die Kinder vorher Kutteln gemocht hätten. Und dabei sei diese Kuttelsuppe soo gut.

Nachdem unsere Gäste versichert hatten, nun zum Platzen vollgegessen zu sein, nahm Michelangelo mit unnachahmlichem Schwung ein Küchentuch, legte es sich über den linken Arm, fragte zur Sicherheit jeden einzelnen, ob er «bedient» sei und räumte den Tisch ab.

Zum Kaffee mit Grappa setzten wir uns rings um den Kamin. Urs fragte nach Tessiner Liedern. Ich kramte meine Blockflöte hervor. Er zog eine Mundharmonika aus der Tasche. Michelangelo versuchte, Betty und die Kinder – den Ersten Monte-Valdo-Chor – über den Text von «Quattro cavai che trottano» zu unterrichten. Dann kam «L'inverno è passato» dazu. Als das ganz ordentlich tönte, «Vieni sulla barchetta». Die Kinder begriffen die einfachen Melodien schnell. Michelangelo brummte schön falsch mit. Muß ich hier noch sagen, daß es auf dem Monte Valdo wunderbar war?

Das Kaminfeuer wurde zur stillen Glut. Bona legte sich davor nieder. Die Kinder lehnten sich gegen das warme, weiche Hundebänkchen. Alle waren wir müde, satt und zufrieden. Ich für mich selbst: ich war noch mehr, nämlich wunschlos glücklich. Trotz kleinerer Mißerfolge schienen sich unsere Ersten Gäste so wohl zu fühlen, wie wir selbst.

Wir gähnten bald und zogen uns frühzeitig zurück: unsere Gäste in die Casa Caterina, Michelangelo in «sein» Haus, in dem der Kamin immer noch brannte. Und ich? Ich schlief jetzt eben im Stall. Michelangelo hatte zwar mit mir tauschen wollen. Aber schließlich wohnten schon Maria und Josef in einem Stall. Mitsamt dem Jesuskindlein. Warum nicht auch ich?

Mein immer noch erbärmlich quietschender Liegestuhl war bald aufgestellt. Schlafsack drauf, Taschenlampe daneben. Ende der Inneneinrichtung für eine ehemalige Innenarchitektin. Ich übte jetzt eben Anti-Wohnen. Es ging auch. Und es war nur halb so kalt wie im Kleinen Paradies in Froda.

Nach dem Frühstück fragte Urs unternehmungslustig nach dem heutigen Arbeitsprogramm.

«Ja, vielleicht könntet ihr ein bißchen die Gegend erkunden...» schlug ich vor.

«Hurra», schrien die Rotköpfe.

«Ja, aber sonst, was gibt es heute zu tun. Müssen Bäume gefällt werden? Oder könnte ich Holz spalten? Oder sollen wir Wasser holen gehen?»

«Mein lieber Urs, ihr seid hier zahlende Gäste. Ihr seid da, um euch zu erholen, nicht um zu schuften», widersprach ich.

«Wir haben Robinson-Ferien gebucht, also wollen wir wie Robinson und Freitag leben und arbeiten», eiferte sich Urs. Tatsächlich, er schien enttäuscht, daß ich ihm keine Arbeit zumuten wollte. Er brummte etwas von «Ausgleichssport», von «Fitneß» und, das traf mich, von «Versprechen, die man halten sollte.»

Was blieb denn da schon anderes übrig? Nach einer Lagebesprechung beschlossen wir, noch mehr Land zu roden. Dazu mußten ein paar Bäume gefällt werden, obschon es eigentlich dazu schon zu spät war. Bäume sollte man fällen, bevor sie Knospen treiben. Betty ging mit den Kindern rucksack- und tütenbestückt auf Morchelsuche. Ich wusch Geschirr, ordnete Betten, fegte Böden, putzte Berge von Gemüsen für unser heutiges Mahl, summte vor mich hin, war emsig und so glücklich wie eine Maus im Kindbett.

So vergingen die Ferientage der Padruns. Urs und Michelangelo hatten aus den gefällten Bäumen gleich eine Pergola gezimmert, an der entlang wir Reben ziehen wollten. Sie hatten ein gut zweihundert Quadratmeter großes Landstück gerodet. Dieses Jahr würden wir viele Tomaten für die «Vera marmellata del Monte Valdo» brauchen.

Betty nähte Vorhänge für die Räume der Casa Caterina, einen Überwurf über Michelangelos Bett. Sie versprach mir, nach einer Nähmaschine zum Treten Ausschau zu halten.

Die Kinder schleppten Berge von Anfeuerholz von den verschiedenen Holzfällerplätzen und banden es zu handlichen Bündelchen zusammen.

Urs hatte neben Rezeptnotizen noch ein neues Hobby gefunden: Er machte Verhaltensstudien von Menschen, die wie Michelangelo und ich in der Wildnis lebten, im Gegensatz zu «zivilisierten» Personen. Vieles zog er an den Haaren herbei. Eines fiel mir, einmal von Urs darauf aufmerksam gemacht, auch auf: Michelangelo und ich hörten viel besser. Wir achteten im Unterbewußtsein auf die auch in unserer Einsamkeit vielfachen Geräusche des Waldes. Wir konnten unterscheiden, ob es der Wind war, der in den Blättern raschelte, oder ob ein Kind, ein Hund, eine Katze das Geräusch verursachte. Wir merkten eher als Urs, wenn Betty von einem Spaziergang zurückkam, weil die Warnrufe der Vögel uns dies schon lange vorher kundtaten. Bei einem Streifzug durch den Wald blieb ich plötzlich stehen, weil ich das Knabbern einer Maus an einem Haselnüßchen hörte. Wir standen still und suchten mit den Augen so lange, bis wir das Tierchen unter einem Blatt entdeckten.

«Bis im Herbst hörst du auch noch das Gras wachsen, genau wie Winnetou», behauptete Urs.

«Ganz sicher werde ich mich nie mittels Rauchzeichen mit Old Shatterhand verständigen», entgegnete ich.

Die Zwillinge aber wollten wissen, wer dieser Winnetou gewesen sei. Damit hatte ich einen neuen Job gefunden. Jeden Abend mußte ich ihnen, am Kaminfeuer sitzend, Indianergeschichten erzählen. Was mir von Karl May her nicht mehr so geläufig war, machte ich durch eigene Schöpfungen wett. Die Kinder und oft auch die Erwachsenen hörten gespannt zu. Michelangelo war neidisch. Er sah die leuchtenden Augen der Kinder, die mit offenen Mäulchen und glühenden Wangen meinen Schilderungen lauschten. Er sah die atemlose Spannung und verstand nichts. Nun wußte ich, was ich ihm zum Geburtstag schenken würde. Karl May gab es sicher auch in italienischer Ausgabe.

Während der ganzen Zeit hatten wir nur zwei Probleme mit unseren Gästen.

Da war einmal der Kaugummi. Die Kinder schienen dieses gräßliche Zeug tonnenweise zu konsumieren. Überall lasen wir Einwickelpapierchen auf. Im Hof, im Stall, auf dem ganzen Weg bis zum Parkplatz. Ausgespuckte Gummis, auf einer Steinplatte festgetreten, würden bis zum Jüngsten Tag dort haften bleiben. Kaugummi und Granit lieben sich innig und ewiglich.

Weil unsere Gäste sonst so nett waren, schluckten wir unsern Ärger tapfer hinunter, «anstatt ihn ebenfalls auf die Steinplatten zu kleben», sagte Michelangelo.

Das zweite, weit größere Problem war, daß Urs und Betty rauchten. Wir waren vielleicht überängstlich, aber der Anblick jener nächtlichen Feuersbrunst am Berg über dem See im letzten Herbst hatte sich bei Michelangelo und mir tief eingeprägt. Unsere Gäste belächelten uns, als wir ein zerbrochenes Glas vorsichtig von der Wiese räumten. Sonnenbeschienene Scherben können wie Linsen wirken und im Gras, bevor es wirklich saftig grün ist, einen Brand entfachen.

Michelangelo wird entdeckt!

Und dann kam der Moment, wo die Kunsthistorikerin und Ausstellungsorganisatorin Frau Dr. Betty Padrun-Goetz Michelangelo, den Maler entdeckte! Michelangelo hatte vor der Ankunft der Gäste seine Malsachen weggeräumt. Er könne sich, wenn so viele Leute da seien, doch nicht konzentrieren.

Michelangelo hatte einen nächtlichen Waldbrand gemalt. Mit Flammen, die sich in einem See spiegelten und mit qualmendem Rauch. Vielleicht – so sagte er zu mir – würde das abschreckende Bild Betty und Urs zu mehr Vorsicht gegenüber Feuer zwingen.

«Da, ich schenke Ihnen das», sagte Michelangelo und drückte Betty das Bild in die Hand. Sie schaute es an, lange, prüfend.

«Aber, das ist ja – wer hat das gemalt?»

«Ich.»

«Haben sie noch mehr Bilder?»

Michelangelo ging schweigend in den Stall, wo er in einer Ecke seine Schätze aufbewahrte. Er brachte alle. Sein Selbstbildnis, das mich immer traurig machte, eine Pappelallee im Mondschein, eine Tessiner Dorfstrasse, eine Kreuzigungsszene. Betty war begeistert. Und dann, erst dann, erfuhren wir von ihrem Beruf. Sie plante im Sommer eine Ausstellung von Werken Naiver Maler. Es waren jugoslavische, polnische, israelische, deutsche Künstler vertreten. Ob Michelangelo sich als Schweizer dazugesellen wolle?

Ich war Feuer und Flamme. Michelangelo nahm es gelassen auf. Ich glaube, er malte zum Vergnügen vor sich hin. So, wie ein anderer vor sich hin singt oder pfeift. Ohne Grund, ohne Absicht, vor allem ohne Ehrgeiz. Sollte doch einer diesen Michelangelo verstehen können. Immerhin versprach er Betty, bis Ende Juni fünfzehn Werke bereitzuhalten. Die vorhandenen könne sie schon jetzt mitnehmen.

«Und daß ich sie vor dem Feuer warnen wollte, hat sie überhaupt, aber rein überhaupt nicht gemerkt», sagte er, als wir allein waren, ganz enttäuscht.

Der zweitletzte Ferientag unserer Gäste war angebrochen. Die Sonne schien sanft und freundlich wärmend auf den Frühstückstisch. Sie hatten vor, nun alle vier endlich die Gegend genau auszukundschaften. Bisher war einfach nie Zeit dazu gewesen. Als Betty und Urs zum Aufbruch bereit waren, fehlten die Zwillinge. Sie waren weg. Fort. Verschwunden. Wir riefen unzählige Male ihre Namen. Nichts.

«Seltsam, das tun sie sonst doch nicht. Wir müssen sie suchen gehen», sagte Urs.

«Um Himmels willen», rief Betty im gleichen Augenblick und deutete auf eine gelb aufqualmende Rauchwolke im Wald.

«Feuer!»

Feuer!

Was nun folgt, prägte sich in meinem Hirn ein wie ein zu schnell ablaufender Film.

Michelangelo rannte ins magazzino, brachte Schaufeln und Rechen. Dann riß er den Feuerlöscher aus der Halterung und drückte ihn mir in die Hand.

«Vielleicht ist er nichts wert, aber wenn wir ihn schon haben...»

Wir banden Bona an die Leine, hielten ihr ein Kinderschühchen vor die Nase und sagten: «Such, Bona, such.»

Bona zog uns direkt auf die Rauchwolke zu! Urs und Michelangelo rannten voraus. Ich stolperte, fiel, der Feuerlöscher rollte ein großes Stück bergabwärts. Bis ich ihn wieder zurückgeholt hatte, waren die Männer im Wald verschwunden. Betty wartete ungeduldig. Sie schien mit Bona weit in eine andere Welt entrückt, in der es nur noch zwei Worte gab: «Such, Bona, such.»

Bona, die Nase schnüffelnd am Boden, wandte sich vom halb zugewachsenen Weglein gegen Sassariente wieder weg. Wir durchquerten eine Senke, es ging wieder aufwärts. Bona zog, zog an ihrer Leine. Wir näherten uns immer mehr der Rauchwolke. Im dichten Wald hätte ich mich, wären die verlorenen Kinder nicht gewesen, in eine Märchenwelt versetzt gefühlt. Ein Waldbrand ist, solange kein Wind dazukommt, wie eine kitschige Kinokulisse. Der Rauch schwebt wie Schleier zwischen Bäumen und Steinen. Ein Träumer würde sich hinsetzen und warten, bis Feen und Elfen aus den Wurzeln blinzelnd ans Tageslicht gleiten, um ihren Reigen zu tanzen.

Wir allerdings hatten keine Zeit zum Träumen. Ich weiß nicht, wie lange wir dem Berg entlang liefen, krochen, fielen, im Dornengestrüpp hängen blieben, uns gegenseitig wieder auf die Beine halfen, keuchten, Bona anfeuerten, die durch den Rauch die Spur verlor, verzweifelt suchte, wieder aufnahm, wieder verlor.

Endlich gelangten wir auf eine Lichtung, in deren Mitte ein kleiner Stall stand. Hier, wo der Wind besser durchdringen konnte, hatte sich das Gras entzündet und prasselte in einem dreißig Zentimeter hohen Flammengürtel gegen den Stall. Und aus dem Stall hörten wir verzweifeltes Kinderweinen.

Ich dankte dem lieben Gott und Michelangelo für den Feuerlöscher. Mit ihm war es ein leichtes, sich einen flammenfreien Pfad zu bahnen. Die Kinder kauerten im hintersten Winkel des heugefüllten Stalles, flogen förmlich in unsere Arme. Auch jetzt mag ich nicht daran denken, was geschehen wäre, wenn wir den Stall eine Viertelstunde später erreicht hätten.

Betty nahm sie bei der Hand. Ich bahnte wiederum den Weg mit dem Löschgerät. Kurz vor dem Waldrand, wo Bona auf uns wartete, war es leer.

Auf dem Rückweg trafen wir auf eine Feuerwehrmannschaft, die mit Äxten, Schaufeln und Rechen das Feuer einzudämmen versuchte. Eine Gruppe machte sich daran, einen riesigen Kastanienbaum zu fällen, aus dessen Stamm-Mitte ein unheimliches, rotglühendes Zyklopenauge blickte. Der ganze Stamm glühte von innen her. Wenn der Wind diese

Glut zum Feuer entfachte, wurde der Baum zur meterdicken Fackel. Mich fror es trotz der Wärme.

Michelangelo und Urs stießen zu uns. Welche Erleichterung, als sie die Kinder heil bei uns vorfanden. Sie blieben bei den Feuerwehrleuten. Jeder Arm war willkommen. Ein Flugzeug brummte über unsern Köpfen. Wir hörten ein Zischen und sahen die weißen Dampfwolken, als es seine Wasserlast über den brennenden Stall auf der Waldwiese entleerte...

Als wir uns von unserem Schrecken einigermaßen erholt und die penetrant nach Rauch stinkenden Kleider gewechselt hatten, nahmen wir uns die beiden Ausreißer vor.

«Was ist euch eingefallen, so wegzulaufen, ohne auch nur ein Wort zu sagen?»

Das aufgeregte Gestotter zu entziffern, war nicht ganz leicht. Ich begriff es ein paar Sekunden eher als Betty und mußte trotz allem schallend lachen: Winnetou und die Kathrin waren schuld!

Winnetou, weil er hinter dem Berg ein ganz, ganz kleines Rauchzeichen gegeben hatte, auf das man die Kathrin wegen ihrer Angst vor dem Feuer nicht aufmerksam machen wollte. So einfach war das also, und so tragisch hätte es enden können.

«Aber von jetzt an passen wir auch aufs Feuer auf», beeilten sich die zwei Ungeheuer zu versichern.

«Und ich lache euch gar nie mehr aus», sagte Betty leise, mehr zu sich selbst, und streichelte Bona.

«Und ich werde nie mehr in meinem Leben Indianergeschichten erzählen», versicherte ich allen, die es hören wollten.

Unsere Herzen waren schwer, als wir am Tag der Abreise unsere Gäste bis zum Parkplatz begleiteten. Michelangelo trug seine grüne Schürze (wegen dem Trinkgeld). Schade, daß ich nicht bei der Ankunft eine Fotografie gemacht hatte, um sie als Reklame «vor Monte-Valdo-Ferien» und «nachher» zu verwenden. Betty und die Kinder hatten dickere Wangen, Urs führte – oder täuschte ich mich? – ein kleines Schmerbäuchlein bergan. Er behauptete zwar, das sei das vollgeschriebene Rezeptbuch. Alle vier waren braungebrannt.

Betty überreichte Michelangelo feierlich ein Vertragsexemplar für die Ausstellung. Seine bisherigen Werke waren in ihrem Koffer verstaut. Urs steckte ihm eine nicht ganz kleine Note von blauer Farbe in sein grünes Täschchen. Sie versprachen zum hundertsten Male, bald wiederzukommen, Reklame für uns zu machen, tätschelten noch einmal Bonas Kopf.

Winkend verschwanden sie zwischen den Birkenstämmen. Wir waren wieder allein.

Michelangelo stand gedankenverloren da, den Blick dorthin gewendet, wo das Auto verschwunden war.

«Und all das wegen deinem Spinnrad. Komisch, manchmal, das Schicksal.» Er schüttelte den Kopf.

«Schön wäre das, wenn deine Ausstellung ein Erfolg würde», malte ich mir Michelangelos Zukunft aus. «Ich seh' schon die Leute, die sich an der Vernissage um deine Werke drängen.»

«Was nützt's mir, wenn sie sich drängen? Kaufen sollen sie die Bilder. Kaufen und teuer bezahlen!»

Michelangelo begann, Realist zu werden. Seine Theorie, es sei besser nichts zu besitzen, um nichts zu verlieren, geriet offenbar ins Wanken. Wie sehr, das erfuhr ich wenig später...

Der Auftrag meines Lebens

Der Aufenthalt der Padruns hatte mich eines gelehrt: Man konnte nicht gleichzeitig bauen und zahlende Gäste beherbergen. Gewiß, Urs hätte auch beim Bau des Wassergrabens geholfen. Aber alles hat doch seine Grenzen.

Meine Finanzen standen ganz ordentlich. Ich hatte durch den Aufenthalt der Padruns nicht nur das Spinnrad, sondern auch Brunos Arbeit bezahlen können. Wenn ich Wasser, fließendes Wasser hätte, würde ich die Pensionspreise wesentlich höher ansetzen können. Schlußfolgerung: der Wassergraben war der nächste Schritt im Monte-Valdo-Programm.

Bei mir gibt es immer zwei Programme: ein wunderschönes, theoretisches und das, was schließlich dabei herauskommt – ungefähr das pure Gegenteil.

Und das, was meine Pläne immer wieder umstürzt, sind meist Briefe. Wie oft ging ich mit Herzklopfen zur Post, mich fragend, was für Überraschungen wohl wieder meiner harrten.

Diesmal sah es ganz harmlos aus, eigentlich sehr erfreulich: Herr Dr. Kurt Vontobel, einer meiner besten früheren Kunden, schrieb mir, er wolle sich im Tessin einen Alterssitz bauen. Eine geeignete Liegenschaft sei bereits vorhanden. In San Michele, am Eingang des Acquaverdetals, mit Blick auf den Lago Maggiore. Ein riesengroßer, alter Tessiner Stall, in einem ehemaligen Rebgelände gelegen. Er wolle ein luxuriös ausgebautes Haus mit geheiztem Schwimmbad, sämtlichen erdenklichen Küchenschikanen, die Möblierung und Dekoration so immer möglich antik.

«Lieber Herr Doktor Vontobel», sagte ich vor mich hin, «wenn Sie sähen, wie *ich* wohne, wenn Sie meine Freiluftküche bewundern dürften, mit dem Butangaskocher auf dem Brunnentrog, dem Geschirrspülbecken auf der Stalltreppe...»

Dann las ich weiter:

«Der Haken ist, daß ich aus geschäftlichen Gründen bis zu meiner Pensionierung im Oktober dieses Jahres nach Übersee muß. Sie, liebes Fräulein Rüegg, kennen von meinem Landhaus her, welche Art Einrichtung mir gefällt. Meine Frage: Haben Sie Zeit und Lust, die Planung und Ausführung des Umbaus, sowie die Innendekoration zu übernehmen. So, daß das Haus bei meiner Rückkehr wohnfertig bereitsteht. Mit Geschirr, Besteck, Bettwäsche, Staubsauger, Kehrichtkübel und Klopapier. Und einem schön angelegten Garten mit möglichst vielen subtropischen Pflanzen.

Bezüglich der Kosten lasse ich Ihnen freie Hand. Grundgedanke: das Beste ist gut genug.

Ich weiß, daß ich Ihnen damit eine große Arbeit aufbürde. Sie soll aber gut honoriert werden. Ich kenne Sie und habe Vertrauen. Sie kennen mich und wissen, daß Sie auf mich zählen können.

Ich höre gerne bald wieder von Ihnen – hoffentlich im positiven Sinn – und bin bis dahin
      Ihr Vontobel.»

Grübelnd saß ich am Steuer des Autos, den Brief in der Hand. Das war *der* Auftrag meines Lebens. Bauen und Einrichten zu dürfen, ohne Rücksicht auf Wenns und Abers einer Familie bis ins dritte und vierte Glied nehmen zu müssen. Wer nicht selbst von der Einrichtungsbranche ist, kann kaum ermessen, was ich für ein Angebot in den Händen hielt.

Welch ein Spaß, Antiquitäten zusammenzusuchen, Vorhänge, Wandbespannungen, Teppiche, Bodenbeläge in Farbe und Material passend zu kombinieren. Auf Französisch heißt mein Beruf nicht umsonst «Ensemblier». Und schließlich: wieviel ich dabei verdiente!

Aber nein, das ging nicht. Ich mußte mit Michelangelo den Wassergraben fertigstellen. Punkt. Amen.

Aber das Geld?

Die Diskussion mit meinen diversen inneren Stimmchen nahm die Form einer Parlamentsdebatte an.

Da war das Stimmchen, das für die Wasserleitung plädierte.

Da war dasjenige, das das Budget verwaltete und in seinem Amt als Finanzminister energisch die Annahme der Arbeit forderte.

Da war ich persönlich mit meinem Beruf, der mich immer noch faszinierte, und der nun noch interessanter war, weil ich viel tiefer in die Geheimnisse des Bauhandwerkes eingedrungen war.

So ein Traumauftrag!

Ich kam zu keinem Entschluß, vertagte die Sitzung mit den streitenden inneren Ichs und fuhr zurück auf meinen Berg.

Michelangelo führte meine Entscheidung wortlos herbei.

Als ich ihm von dieser Gelegenheit erzählte, stand er auf, ging zu seiner Lade, brachte mir fünf Umschläge. In jedem einzelnen steckte eine Rechnung und ein grüner Einzahlungsschein:

Krankenkasse des Acquaverdebezirks. Ausstehende Mitgliederbeiträge von neunzehnhundertachtundsechzig bis zweiundsiebzig.

Militärsteuer für das laufende Jahr, zu bezahlen bis Ende April, sonst mußte er wieder sitzen gehen.

Rechnung für die Wehrsteuer neunzehnhundertdreiundsiebzig.

Mahnung für Gemeindesteuer neunzehnhundertsiebzig.

Mahnung für Kantonssteuer neunzehnhunderteinundsiebzig.

Ich frage mich auch jetzt noch oft, wie mein und – eigentlich noch mehr – wie Michelangelos Schicksal heute aussähe, hätte ich jenen Auftrag nicht angenommen. Onkel Arthur war sehr, sehr weise gewesen, als er damals gesagt hatte, für uns kämen nur Arbeiten in Frage, die sich auf dem Monte Valdo ausführen ließen.

Michelangelo tat mir leid, wenn ich an den langen Graben dachte, den er nun ganz alleine schaufeln mußte. Vierhundertachzig Meter, einen halben Meter tief. Andererseits war es schön, die Möglichkeit zu haben, seinen Schuldenberg abzutragen.

Ich würde ihm zur Gesellschaft die Hunde und Susi dalassen. Susi war trächtig und stritt sich oft heftig mit Bimbo.

Bimbo und ich konnten während der Werktage vorläufig in Froda in Guidos Kleinem Paradies hausen. Es war frei bis Ende Juni. Und nachher – man würde ja sehen.

«Bleibst du jetzt immer in Froda?» fragte Emilia, als ich sie auf der Hängebrücke antraf.

«Wohin denkst du, bloß bis ich eine Arbeit in San Michele erledigt habe. Dann kehre ich auf den Monte Valdo zurück.»

«Blöd, dieser Valdo», brummte sie und ging ohne Gruß weiter.

Meine Arbeit in San Michele brachte viel Kopfzerbrechen. Um die behördlich vorgeschriebene Raumhöhe zu erreichen, mußten wir den Stallboden absenken. Wir hatten kaum dreißig Zentimeter tief gegraben, als das Wasser zu rinnen begann. Wir stießen auf Fels, und – welch verkehrte Welt – auf eine Quelle! Sie plätscherte fröhlich durch das, was ein Wohnzimmer werden sollte und verlor sich in der zukünftigen Küche. Könnte man doch diese Quelle auf den Monte Valdo versetzen!

Dort oben schlug sich Michelangelo auf seine Weise mit dem Wasserproblem herum. Das heißt, er schlug sich nicht. Er kam mit seinem Graben nicht voran, war mißmutig und störrisch. Ich kannte Michelangelo nicht mehr.

Jeweils am Freitagabend fuhr ich zu ihm, beladen mit seiner Wochenration Wein, mit genügend Lebensmitteln für ihn und die Tiere. Ich brachte ihm Gemüse und Salat, in San Michele gerüstet und gewaschen, Vitamintabletten.

Der Graben verlief ein gutes Stück direkt auf dem Fußweg. So sah ich also die Fortschritte der Arbeit, bevor ich bei ihm anlangte.

Nach der ersten Woche waren dreißig Meter gegraben, nach der zweiten gegen fünfzig, nach der dritten sechzig, nach einem Monat immer noch sechzig.

Ärgerlich ging ich bergab, rief auf halber Strecke die Hunde, die mir entgegenrannten. Michelangelo war nicht da. Dafür ein Zettel:

«Ich will:

Erstens: eine Gitarre mit Noten.

Zweitens: keinen Salat und kein Gemüse und keine Vitamintabletten mehr, dafür Schnaps. Mindestens einen Liter pro Woche.

Drittens: mindestens zwei Liter Wein pro Tag.

Viertens: wöchentlich zwei Stangen ‹Goloases› gelb.

Fünftens: ein rot-weiß kariertes Hemd mit *zwei* Brusttaschen.

Sechstens: ein Paar blaue ‹blushings› mit roten Nähten.

Siebtens: monatlich mindestens achthundert Franken in bar.»

Bummms!

Am Sonntag Mittag kam Michelangelo. Genau so, wie ich ihn erwartete: voll. Ich beherrschte mich, redete ihm gut zu, versprach, seine Wünsche so weit als möglich zu erfüllen. Aber: Der Graben müsse in kürzester Frist fertiggestellt werden.

Dann fragte ich nach den Bildern für die Ausstellung. Kein einziges hatte er gemalt.

Am folgenden Wochenende brachte ich das Hemd (wie

lange hatte ich suchen müssen, um eines mit *zwei* Brusttäschchen zu finden!), die Hose, genau nach Wunsch, die Goloases (aber nur eine Stange), die übliche Verpflegung mit Salat und Gemüse, aber keinen Schnaps.

Der Graben war knapp fünfzehn Meter länger geworden. Ich war so enttäuscht, daß ich nicht bleiben mochte.

«Ciao Michelangelo, ich gehe wieder. Ich mag nicht dableiben, wenn du so störrisch bist.»

«Nimm Bona mit», sagte Michelangelo. «Sie ist läufig.» Dann kehrte er mir den Rücken zu.

«Io fugo – ich fliehe!»

Am nächsten Morgen früh um halb sechs Uhr weckte mich das Telefon. Michelangelos Stimme verriet mir den Grad seiner Trunkenheit.

«Komm Grano und Susi holen und schau, was ich angerichtet habe. Io fugo – ich fliehe.»

Bevor ich auch nur ein Wort herausbrachte, hatte er schon abgehängt.

Normalerweise benötigte ich für die Strecke Froda–Monte Valdo eine gute Stunde Fahrzeit. Diesmal schaffte ich – wen verwundert's – die gleiche Strecke in knapp drei Viertelstunden. Schon von weitem hörte ich Grano heulen. Mir war entsetzlich bang.

Susi und Grano waren im Keller eingesperrt. In Michelangelos Haus lag sein Radio zerschmettert am Boden. Die Glastür zu meinem Schlafzimmer war eingetreten, und die Treppe, Brunos Meisterwerk, war schräg von oben nach unten zersägt. In heilloser Wut in tausend Stücke zersägt. Die Säge lag neben den Holzsplittern.

Da stand ich nun, ich armer Tor... und rappelte mich auf

wie einer, dem man einen Kübel kaltes Wasser über den Kopf gegossen hatte.

Wasser!

Wer grub nun den Wassergraben?

Ich band Grano an die Leine, packte Susi ins Körbchen, schloß alle Türen und Fenster. Etwas Bedrohliches lag über dem Valdo. Das Lachen der beiden Ungeheuer war verklungen. Michelangelos falsches Blockflötenspiel auch. Was hatte ihn wohl dazu bewogen, den Radioapparat zu zerschmettern? Ein Hörspiel? Ein Lied?

Warum war die Scheibe zu meinem Raum eingetreten? Wut über mich? Weil ich ihm keinen Schnaps gebracht hatte? Weil ich ihn allein gelassen hatte? Weil ich ihn getadelt hatte? Weil ich schuld war, daß er Bilder malen *mußte?*

Warum war Brunos Treppe in sinnloser Wut zerstört worden? Hatte ich dessen Arbeit zu sehr gelobt?

War es einfach ein Einsamkeitskoller gewesen?

War es falsch gewesen, Michelangelo allein zu lassen? Aber wegen seiner Schulden hatte ich schließlich die Arbeit in San Michele angenommen.

So viele ungelöste Fragen.

Folgerung: Menschen wie Michelangelo durfte man nicht allein und sich selbst überlassen. Sie brauchen ständige Aufsicht und Führung.

Aber für Michelangelo kam meine Einsicht zu spät. Und für mich selbst auch. Armer Kerl, was würde nun aus ihm werden? Ausgeträumt war nun wohl der Traum vom berühmten Maler.

Schweren Herzens ging ich durch den Frühlingswald. Der Kuckuck rief, die Bienen summten. Vor einem Jahr hatte alles so hoffnungsvoll begonnen. Ich war meinem Ziel so nahe gewesen, aus dem schlafenden Monte Valdo ein Ferienparadies für stadtmüde Menschen zu machen. Und jetzt?

Übeltäter Grano

Nach meiner Ankunft in Froda geschahen innerhalb einer halben Stunde zwei Unglücke. Beide wegen Grano.

Wir überquerten die Hängebrücke. Grano raste plötzlich wie von einer Tarantel gestochen davon, die Nase am Boden, scheuchte ein paar friedlich weidende Schafe auf, die entsetzt davonstoben. Er folgte einem Schaf, das sich von der Herde getrennt hatte, jagte es laut bellend direkt in den Fluß. Zum Glück war es geschoren, sonst hätte seine schwere Wolle es ertrinken lassen. So stand es im Wasser, so tief, daß nur noch der Kopf herausschaute, und blickte mich verzweifelt an. Ich wußte, daß die Leute von Froda in einer Sache keinen Pardon kennen: wenn Hunde (also unnütze Tiere) ihre Schafe (also nützliche Tiere) jagen.

Trotzdem ging ich zu Emilia, die am nächsten beim Fluß wohnt, und gestand ihr Granos Schandtat. Sie kam sofort, lockte mit vielen «Tut-tut-tut»-Rufen das arme Vieh aus dem Wasser und sagte nur, auf Grano deutend: «Aus dem da machst du am besten Gulasch.»

Mein total verwirrter Grano bezog die erste Tracht Prügel seines Lebens und wurde eingesperrt. Zusammen mit der läufigen Bona.

Das war Unglück Nummer zwei. Aber das merkte ich erst sechs Wochen später.

Katzen – viele, viele Katzen

Susi genoß es eindeutig, nach Froda – ihrer eigentlichen Heimat – zurückgekehrt zu sein. Sie war sehr, sehr trächtig und verstand sich wieder mit Bimbo. Sie nahm vom «paradis pining» Besitz, wie wenn es ihr seit jeher gehört hätte. Im größeren Schlafraum waren drei gut halbmetertiefe Nischen in die Wände eingelassen. Vor der einen stand ein altertümliches, riesengroßes Bett. Susi schaffte es trotz ihres dicken Bauches, in diese Nische zu schlüpfen und warf ihre beiden Jungen dort. Sie waren grau getigert. Eines war langhaarig und betrug sich so, daß sein Name schon feststand, als es kaum einen Monat alt war: Fritzli Frech!

Das zweite hatte vier weiße Pfötchen. Es sah aus, als ob es Pantöffelchen trüge. Deshalb taufte ich es Finkli – in der Schweiz heißen Pantoffeln «Finken».

Susis Kinder hatten kaum die Augen offen, als mit meinem «Kater» Bimbo Seidenglanz seltsame Veränderungen vor sich gingen. Er wurde dicker und dicker. Sollte Bimbo etwa...

Genaue vergleichende Untersuchungen von Susi und Bimbo bestätigten meinen Verdacht! Bimbo war alles andere als ein Kater. Wenn ich heute Fotos von Bimbo im Teenager-Alter anschaue, schüttle ich den Kopf über meine Blindheit. Bimbo war von Anfang an die weiblichste Katze, die ich je hatte. Und in der Zwischenzeit sind viele, viele Katzen in mein Leben getreten.

Bimbo war nicht nur eine Katzendame. Sie war eine Katzenprinzessin. Sie betrug sich allen Leuten gegenüber absolut unnahbar, ließ sich höchstens gnädig streicheln, forderte mit einem entsetzlich kläglichen Stimmchen zwanzigmal am Tag, daß ich ihr die Tür öffne. Einem einzigen Lebewesen, außer ihren Kindern, galt ihre volle Liebe und Zuneigung: mir. Und diese Zuneigung war gegenseitig. Es gab keine Tätigkeit – wirklich keine – die ich nicht unterbrochen hätte, um Bimbo je nach Wunsch hinaus- oder hereinzulassen. Sie bedankte sich, indem sie um meine Beine strich und mit ihrem schönen, buschigen Schwanz eine Bewegung machte, die dem Wehen der Federboa einer Diva glich.

Es kostete Bimbo unendliche Mühe, ihre Jungen zu gebären. Als ihre Zeit gekommen war, ging sie nicht mehr von meiner Seite. Vom Einsetzen der Wehen bis zur Geburt des ersten Kätzchens dauerte es gut vier Stunden. Während dieser Zeit verlangte sie meine dauernde Anwesenheit. Ich mußte ihr den Kopf halten und die Hinterbeine stützen. Sie stemmte sich zwischen meinen Händen, hechelte. Wenn ein Schub vorbei war, leckte sie mir die Hand und schnurrte.

Zwei schneeweiße Katerchen (diesmal richtige) lagen nach einem halben Tag im Körbchen. Ich konnte die beiden nie unterscheiden und gab ihnen deshalb ähnlich tönende Namen: Schnurrli und Murrli. Als sie später ihre Stimmen erhoben, war auch der Nachname klar. Sie miauten fürchterlich laut und mißtönend, beide gleich. Sie ließen mich das Wort Katzenmusik begreifen. An der Basler «Fasnacht» nennt man die Erzeugung von Katzenmusik mittels diverser mehr oder weniger mißtönender Instrumente «schränzen». Deshalb hießen die beiden weißen Katerchen schließlich auch Schnurrli und Murrli Schranz. Mit dem berühmten Skifahrer hat das überhaupt rein gar nichts zu tun!

Die beiden waren aber erst zwei Tage alt, als ich schweren Herzens Froda und damit Guidos Haus verlassen mußte. Er hatte es für ein ganzes Jahr an eine Deutschschweizer Familie vermietet.

Der Bau in San Michele war so weit fortgeschritten, daß ich dort zu hausen beschloß. Die Fenster hatten noch keine Scheiben und keine Gitter. Es gab keinen Strom, kein Telefon, die Türen hatten keine Klinken. Aber es floß immerhin kaltes Wasser aus dem Hahnen.

Ach, war das ein Umzug! Susi mit Fritzli und Finkli im Körbchen, Bimbo in einer Schuhschachtel, die beiden Schränzli in einer Einkaufstüte, Bona. Meine Kleider nahmen weniger Platz ein als meine Tierfuhre. Und Grano?

Grano war nicht mehr bei uns. Er blieb, was das Jagen von

Schafen betraf, unbelehrbar. Ihn immer angebunden zu halten, war unmöglich, weil er auf dem Monte Valdo vollste Freiheit gewöhnt gewesen war. So blieb mir nichts anderes übrig, als ihn schweren Herzens einem Jäger zu geben, der hoffte, ihn für die Hasenjagd abrichten zu können.

Die Monte-Valdo-Familie bröckelte auseinander – und die San-Michele-Familie formierte sich. Kaum hatte ich mich dort in einem halbwegs bewohnbaren Raum mit einem Liegestuhl und einem mit Nägeln beschlagenen Brett als Schrank eingerichtet, als Bona drei Hündlein warf. Als das größte, ein rotes mit weißer Brust, die Augen öffnete, schien es mir, als ob Grano mich ein bißchen spöttisch anblinzle. Er hatte sich gründlich dafür gerächt, daß ich ihn nicht mehr wollte. Nun hatte ich anstatt zwei vier Hunde.

In jenem Sommer verbrachte ich unzählige Stunden mit Putzen. Mit vier Hunden und sechs Katzen auf einem Bauplatz wohnen, wo alles voll Wasser, Erde, Sand oder Hobelspäne ist, das steht nur einer durch, der Tiere so gern hat wie ich. Wie viel einfacher war es doch auf dem Monte Valdo. Da konnten alle rasen und toben und graben, wie sie wollten.

Jeden Freitagabend verfrachtete ich meine ganze Tierleinschar ins Auto und fuhr dort hinauf. Als die Hündchen noch zu klein waren, um selbst hinunterzulaufen, trug ich sie eben. Eine Fuhre bestand aus den Katzenkindern. Susi und Bimbo entließ ich schon auf dem Parkplatz aus den Körbchen. Die zweite Reise machte ich mit den Hunden. Eine gute Stunde brauchte ich jeweils, bis ich alle Tiere, das Wasser und die Lebensmittel für uns alle in Michelangelos Haus verstaut hatte. Aber auf den Monte Valdo gehörten wir. Und, das war sehr wichtig, der Aushub des Wassergrabens ging nun auch ohne Michelangelo voran. Das kam so...

Signorina Bauführer

Eine kleine Baufirma, die nur italienische Gastarbeiter beschäftigte, hatte die Ausbauarbeiten von Herrn Dr. Vontobels Haus übernommen. Ganz am Anfang schauten mich die Arbeiter ein bißchen scheel an. Eine Frau als Bauführer? Aber als sie merkten, daß ich von ihrem Handwerk auch allerhand verstand, nahmen sie mich hin wie einen männlichen Kollegen. Mit einem Unterschied: sie bemühten sich rührend, mir allerlei zulieb zu tun. Ich wurde reihum zum Abendessen bei ihnen zu Hause eingeladen. Ihre Frauen kochten mir selbstgemachte Nudeln, buken Pizza und Obstkuchen, gaben mir willig ihre Rezepte. Ich war für sie alle «die Signorina», aber sie duzten mich. Mich beim Vornamen zu nennen, wie ich ihnen vorschlug, verbot ihnen ihr Respekt.

Als wir in San Michele die Kanalisationsgräben in Angriff nahmen, kam mir die Idee: Würden meine Italiener mir wohl übers Wochenende den Wassergraben auf dem Monte Valdo ausheben?

Da erfuhr ich erst, daß solche Arbeiten bei ihnen sehr begehrt waren, besonders bei denjenigen, die ihre Angehörigen nicht hier hatten.

«Was sollen wir bloß zwei Tage lang tun? Sich langweilen, in den Wirtschaften herumhocken, Geld ausgeben, wenn man in der gleichen Zeit etwas verdienen kann.»

Ich verdiente mein Geld während der Woche, in San Michele, um es samstags und sonntags im Wassergraben des Monte Valdo wieder zu investieren. Wir arbeiteten werktags unten, übers Wochenende oben, zu viert, zu fünft. Das Wetter war uns gnädig gesinnt. In vier Samstagen und drei Sonntagen war der Graben bis zu den Häusern geöffnet, der Schlauch (zwei Komma fünf Zentimeter dick, für zehn Atmosphären Überdruck, bitte) verlegt, eine Kammer zum Druckausgleich gebaut. Das bedeutete siebenundzwanzig Arbeitstage ohne eine Ruhepause. Am achtundzwanzigsten Tag feierte ich ganz allein mit meinen Tieren ein großes, triumphierendes Fest. Noch größer als das Fest der Dusche in Froda: mein

Erstes Bad auf dem Monte Valdo

Beim ersten Sonnenstrahl hatte ich den Brunnen vollaufen lassen. Am Mittag war das Wasser schon ganz nett lau. Ich hatte mir vorsorglicherweise ein Fläschlein Schaumbad gekauft. Dieses schüttete ich in den Trog, schlug mit dem Schneebesen tüchtig Schaum, zog mich aus und setzte mich also mitten in meiner Kleinen Welt ins Bad. Es war zwar kühler, als ich gedacht hatte. Aber ich genoß es unendlich, planschte herum, spritzte die verwundert zuschauenden Katzen an. So lange, bis meine Zähne zu klappern begannen.

Nun wurde es Zeit, meine Schaumburg zu verlassen.

Ein Surren erschreckte mich. Nein, das durfte nicht wahr sein! Ein Helikopter flog über die Lichtung und, das war gemein, kehrte beim Waldrand um, um beinahe über meinem Kopf zitternd wie eine Libelle stehen zu bleiben. Verdammt nochmal, die hatten mich entdeckt. Trotzig beschloß ich, in meinem kalten Schaum so lange sitzenzubleiben, bis denen da oben das Benzin ausging.

Ich winkte vergnügt, streckte einen Fuß aus meiner weißen Decke, wusch mir genüßlich zum zweiten, dann zum dritten Mal das Gesicht, die Arme, schlotterte immer mehr.

Gerade war ich zum Entschluß gelangt, den Zuschauern den Anblick meines inzwischen wohl sehr bläulich angelaufenen Körpers in Gottes Namen zu gönnen – da flogen sie weg.

Und in den folgenden Tagen wunderten sich alle, wie es komme, daß ich mich soo erkältet habe. Das tue man im Winter, nicht anfangs Juni.

Der nette Mann vom Telefonamt Bellinzona

Diese Erkältung schob ich als Entschuldigung vor, um an einem Montag der Arbeit fernzubleiben. Der wahre Grund war aber, daß sich ein Beamter des Telefonamtes angemeldet hatte. Das Telefonkabel mußte im Graben noch verlegt werden. Dann konnten wir ihn wieder schließen. Und die allergrößten Schwierigkeiten auf dem Monte Valdo waren behoben!

Wie sehr genoß ich es, endlich einmal wieder auszuschlafen, und dazu an einem Werktag. Nachts war ich ein paarmal erwacht, einmal weil ein Hündchen wimmerte, einmal weil ein Kätzchen jammerte. Ich hatte vergessen, mir neue Taschenlampenbatterien zu besorgen. Kerzen waren nur oben in Michelangelos Haus. So blieb mir nichts anderes übrig, als suchend über die vielen Köpflein zu tasten und den jeweiligen Schreihals durch Streicheln zu beruhigen. Eins, zwei, drei, vier, fünf, sechs Katzen, eins, zwei, drei, vier Hunde. Sie schliefen allesamt auf Michelangelos Liegestuhl, den ich neben meine Schlafstatt gestellt hatte. Zehn Tiere! Wie reich ich war.

Der Mann vom Telefonamt kam genau zum Frühstückskaffee.

«Hier ist es wunderbar», sagte er. «Sie wohnen näher beim lieben Gott als andere.»

Als er aber hörte, daß ich hier ganz allein hause, schüttelte er den Kopf. «Das ist zu gefährlich. Stellen Sie sich vor, was passiert, wenn Sie sich irgendwie verletzen.»

«Eben deshalb möcht' ich bald ein Telefon.»

«Was nützt ein Telefon, wenn Sie unterwegs einen Unfall haben und nicht mehr gehen können?»

«Ich bin es gewöhnt, vorsichtig zu sein.»

Hier hätte eines meiner inneren Stimmchen auftreten müssen, um meine überheblichen Worte zu unterstreichen. Keines tat es. Vielleicht, weil sie allesamt ebenfalls erkältet waren.

Der nette Mann blieb viel länger auf dem Monte Valdo, als für seine Arbeit – Ausmessen des Kabels und Besichtigung des Ortes, wo ich den Anschluß plante – nötig gewesen wäre. Er erzählte mir, daß er verwitwet sei und daß seine beiden erwachsenen Kinder sich zu Studienzwecken in Basel und Mailand aufhielten.

Er sagte, das Kabel sei erst in einem Monat lieferbar. Der Graben mußte also so lange offen bleiben. Aber wen störte das schon.

Bevor er wegging, stellte er sich mir vor. Sein Name war aber so kompliziert, daß ich ihn wieder vergaß. Für mich war er der «nette Mann vom Telefonamt» – und seinen Pullover hatte er auf der Bank vor dem Haus liegen lassen...

Am folgenden Freitag kam ich todmüde auf dem Parkplatz an. Die Hundchen waren nun groß genug, um selbst zu laufen. Sie stolperten über ihre eigenen Beinlein, kugelten den Weg abwärts und schienen sich wunderbar zu amüsieren.

Ich sagte zu Bona: «Wenn du doch nur ein Esel wärst. Dann könnte ich die beiden Katzenfamilien auf deinen Rücken setzen, und du würdest sie auf den Monte Valdo tragen.»

Ich hatte für Susi Stäubli und Familie und für Bimbo Seidenglanz und Familie bei Gualtiero in Froda je ein größeres Körbchen aus Kastanienholz flechten lassen. Oben mit handlichem Griff.

Bona schaute mich verständnislos an. Auch mit einem Esel wäre der Weg momentan sehr beschwerlich gewesen. Der aufgeworfene Graben verlief zur Hälfte direkt auf dem Fußpfad, so daß ich auf dem Aushub-Haufen balancierend gehen mußte.

Er hatte recht!

Wie es geschah, weiß ich auch heute nicht. Auch nicht, wie lange ich im Graben gelegen hatte, die beiden Körbchen mit den wimmernden Katzen neben mir, als ich ihr Jammern endlich hörte. Bona hatte sich an mich geschmiegt und säugte ihre Kinder. Die Feuchtigkeit der Walderde störte sie offenbar. Sie war auch durch meine Kleider gedrungen. Die Katzenkörbe waren in meiner Reichweite. Ich wollte mich aufsetzen. Aber au weh! Der Kopf schmerzte höllisch. Mein linker Arm nicht minder. Eines meiner Beine lag seltsam gekrümmt und gefühllos. Irgendwie schaffte ich es doch, die Katzen zu befreien, sank dann aber in einen seltsam schwebenden Dämmerzustand.

Irgendwo hatte ich gelesen, daß an Sterbenden wie ein zu rasch ablaufender Film ihr ganzes Leben nochmals vorbeizieht. Das ist nicht wahr. Ich erlebte nur den Teil, der mit dem Monte Valdo zusammenhing. Und auch den nicht der Reihe nach. Vieles war verschwommen, vernebelt, wie ein Wald, durch den die Brandschwaden ziehen. Anderes war überklar, beinahe durchsichtig.

Sterbende... Mußte ich wirklich sterben?
Nein! Ich wollte nicht!
Ich will nicht! und ich kann nicht!
Was geschah mit meinen Tieren?
Rufen!

Ich rief, rief, rief, bis meine Stimme erlahmte. Aber, wer konnte mich hier schon hören?

Bona schaute mich mit ihren samtenen, braunen Hundeaugen an, leckte mir die Hand. Alle Katzen hatten sich zu mir in den Graben gelegt. Die beiden Mütter säugten ihre Kleinen, schreckten auf, wenn ich wieder zu rufen begann: «Aiuuuto – Hiiilfe!»

Irgendwer mußte mich doch irgendwo hören. Gab es denn keine telepathischen Kräfte? Fühlte denn auf der großen, weiten Welt niemand, daß ich Hilfe brauchte? Verzweifelt dringende Hilfe!

Michelangelo hatte so oft vom Fluidum gesprochen, behauptet, das sei so etwas, wie die Kraft, einen unterirdischen Wasserlauf mit der Rute zu erfühlen. Wie oft hatte ich ihn damit gehänselt und ihn an unsere Quellensuche erinnert?

Michelangelo! Wäre er nicht so dumm weggelaufen, würde er meinen Hilferuf hören – spüren. Wenn ich an Michelangelo dachte, überspülte eine warme Welle mein Herz. Und wenn ich an seine Missetaten dachte, fluchte ich leise, so wie ich es ihn gelehrt hatte: «Abrakadabra». Aber mit einem Lachen auf den Stockzähnen. Nur war es mir jetzt nicht mehr ums Lachen.

Wenn ich daran dachte, daß er hier, keine zehn Meter von mir entfernt, versehentlich eine ganze Korbflasche Wein zerbrochen hatte, und sich mit dem auf dem Grund der Flasche verbliebenen Rest an Ort und Stelle einen fürchterlichen Rausch antrank.

Auf jenem Stein hatte er schluchzend gesessen, als ich ihn damals fand. Ein kleines Restchen Wein war noch übrig, das er mir reichte, das ich trank.

Trank... Trinken...

Die Rauchschwaden eines Brandes zogen durch die Bäume. Ich wartete auf Feen und Elfen, die unter den Steinen hervorhuschen und zu falsch tönender Blockflötenmusik einen Reigen tanzen würden. Ich dachte an die mühsamen Stunden, die ich damit verbracht hatte, Michelangelo das Blockflötenspiel beizubringen.

«Quattro cavai che trottano...» der Anfang einer Melodie, der nur zwei Töne brauchte. Auch die konnte Michelangelo weder im richtigen Rhythmus, noch in der richtigen Reihenfolge spielen. Manchmal glaubte ich, die schrillen Töne würden auch den letzten Rest empfindsamer Nerven aus meinen Ohren reißen.

Und jetzt? Was hätte ich darum gegeben, wenn Michelangelo in der Nähe gewesen wäre? Er hätte mich irgendwie zusammengelesen, irgendwie Hilfe geholt. Irgendwie wäre ich ins Spital von Locarno gelangt, wie damals, als ich mit gebrochenem Fuß den ganzen Weg aufwärts durch den Wald gehüpft war, gestützt auf meinen mehr oder weniger treuen Helfer.

Später hatten mich Freunde darauf hingewiesen, ob ich mir klar darüber sei, daß ich wie Robinson im Dschungel lebte und in Michelangelo genau den richtigen Freitag gefunden habe. Meine beiden Kollegen vom Bauplatz, Marco und Luigi, die hatten Michelangelo mit einem besoffenen Wilhelm Tell verglichen, als ich ihn zum ersten Mal in der Trattoria von San Michele gesehen hatte.

Es sei das Fluidum gewesen, behauptete Michelangelo später, das mich dazu bewogen hatte, ihn – stockbesoffen wie er war – nach Froda zu Maria zu nehmen, wo wir ihn im billigsten Gästezimmer schlafen ließen, bis er wieder nüchtern war. Vierundzwanzig Stunden hatte das gedauert.

Der Nebel wallte wieder durch den Wald. Susi Stäubli, Bimbo Seidenglanz, Fritzli Frech, Finkli, Schnurrli und Murrli Schranz, Bona mit ihren drei Hündchen, zogen in feierlicher Prozession an mir vorbei. Jedes Tier trug ein

Schüsselchen. Im einen lag eine Maus, im nächsten war ein bißchen Milch, im übernächsten ein Knöchlein, in einem nichts als ein paar Tropfen Wasser...

Wasser... Durst...

Wasser! Wie manchen Liter hatten Michelangelo und ich wohl über diesen Weg getragen?

Und jetzt, ausgerechnet jetzt, wo ich auch auf dem Monte Valdo nur am Hahnen drehen konnte, mußte mir das passieren.

Der nette Mann vom Telefonamt hatte recht gehabt: ein Telefon nützt nichts, wenn man sich nicht mehr bewegen kann.

Die Kopfschmerzen wurden wieder ärger. Rauchschwaden wehten um die Bäume. Weit, weit weg hörte ich Bona bellen. Ich fühlte, wie etwas über meine Stirn strich, hörte eine Männerstimme, die «dio mio – mein Gott» sagte, versank durch watteweiche Wolken in tiefe Nacht, hörte das Summen eines Helikoptermotors...

Alles, alles war weiß

Ich lag in einem weißen Raum in einem weißen Bett, mein Arm war in weißen Verbandstoff gehüllt, mein Bein hochgelagert in weißem Gips. Und am Fußende des weißen Bettes saß eine weißgekleidete Nonne und strickte etwas Weißes.

«Ist denn hier, Himmel, Donner und Doria, alles weiß?» fragte ich. Die Nonne zuckte zusammen, legte ihr Strickzeug beiseite, schaute fromm zur weißen Zimmerdecke und sagte: «Gottlob und Dank.»

Sie war lieb, die Schwester Maria Konradina. Sie nahm sich Zeit für mich, erzählte mir, daß ein Mann vom Telefonamt Bellinzona mit unaussprechlichem Namen mich gefunden hatte. Ich war mit dem Helikopter ins Spital geflogen worden, hatte eine tiefe Schramme am Kopf, Gehirnerschütterung, einen gebrochenen Arm und einen Schienbeinbruch. Zum Glück einen einfachen.

«Ich muß sofort auf den Monte Valdo zurück. Dort sind sechs Katzen und vier Hunde, die verhungern.»

Die Schwester schüttelte den Kopf.

«Machen Sie sich keine Sorgen. Ihr Retter hat sich auch um Ihre Tiere gekümmert und sie nach Froda gebracht. Hier ist übrigens eine Postkarte aus Froda.»

«Liebe Caterina,
Mach Dir um Deine Tiere keine Sorgen. Wir hüten sie, bis Du wieder gesund bist. Die Familie Tigerkatze ist bei Teresita, die Angorakatze, die so vornehm tut, mit Kindern bei Emilia, und die Hunde sind bei mir. Erhol Dich gut und sei dann herzlich willkommen in Froda bei Deiner Silvia.»

«Die Leute von Froda, wenn ich die nicht hätte...»

Die Schwester schüttelte mein Kopfkissen zurecht.

«Schwester, wie lange bin ich eigentlich schon da?»

«Seit drei Tagen. Sie waren sehr geschwächt. Zum Glück sind Sie so gesund wie ein Ackergaul, sonst hätten Sie die Nacht im Freien nicht ohne Lungenentzündung überstanden. Der Mann vom Telefonamt hat seinen Pullover am Sonntag morgen bei Ihnen holen wollen.»

Dann waren es sogar zwei Nächte im Freien gewesen, aber das sagte ich der Schwester nicht. Neben dem Mann vom Telefonamt hatte ich meine Rettung meinen Tieren zu verdanken. Wenn Susi, Bimbo und Bona mit ihren Kindern mir nicht warm gegeben hätten, wer weiß, wie's um meine Ackergaul-Gesundheit jetzt stünde.

Es klopfte. Die Tür öffnete sich sacht. Emilia aus Froda stand draußen. Im schönsten, feierlich-schwarzen Sonntagsstaat, die Wangen glänzend wie die Äpfelchen am Weihnachtsbaum. Umständlich packte sie einen Salami und ein Fläschchen Grappa aus. Eine Sensation sei mein Unfall gewesen. Man denke, die Caterina so hilflos auf dem Valdo.

Jeden Tag hatte ich Besuch. Da kamen meine Italiener-Freunde, die mir auch über den Fortgang der Arbeit in San Michele berichteten. Und die rührenden Geschenke, die sie mir brachten: Attilio, den sie bezeichnenderweise «il tank» – den Tank – nannten, weil er vierschrötig und stark war wie ein Tank, brachte mir eine Flasche selbstgepreßtes Olivenöl, Bernardo einen Zweig der scharfen, getrockneten Peperoncini, die ich zu ihrem Entsetzen so gerne roh aß, Teresita mit einem Schafkäslein... Die dachten alle, ich müsse im Spital hungern.

Und alle, die aus Froda kamen, sagten denselben Satz: «Komm zurück zu uns!»

Kein Held zu sein, ist oft schwerer

Drei Ereignisse waren es, die schließlich dazu führten, daß ich mich entschloß, den Monte Valdo zu verlassen.

Erstens erhielt ich einen Brief von Onkel Arthur, dem ich natürlich von meinem Mißgeschick berichtet hatte. Da standen drei kurze Sätze:

«Go back to Froda! Es ist oft schwerer, *kein* Held zu sein und aufzugeben! Der Monte Valdo ist zu abgelegen für Dich allein.»

«Für dich allein.»

An diesen drei Worten nagte ich herum.

Das zweite Ereignis war ein Besuch von Hedwig und Max. Die beiden sind etwa gleich alt wie ich und wohnen in einem Stall eine halbe, sehr steile Wegstunde oberhalb Froda. Sie hatten das Erdgeschoß des Gebäudes mit Holz verkleidet, mühsam einen über hundert Kilogramm schweren Holzkochherd hinaufgetragen, das Dach neu gedeckt mit Tonziegeln, die sie selbst hinaufbuckelten. Achthundertachtundsechzig Ziegel zu dreieinhalb Kilogramm. Ohne Last schon kam man oben atemlos an, auch ich.

Hedwig und Max haben Kaninchen, Hunde, Katzen und Ziegen. Ihren Garten mußten sie mühsam roden. Er ist aber schon so groß, daß sie ihren ganzen Gemüsebedarf decken und erst noch einen Teil der Ernte verkaufen können. Hedwig backt in ihrem Herd die schönsten Kuchen und hat im Sommer ihr Heim ständig voll Besuch. Der Winter dort oben mußte lang sein, denn da fällt Ende Dezember gegen ein Meter Schnee, der bis zum April nicht mehr weicht.

«Ich könnte nicht dort oben sein, wenn ich allein wäre», sagte Hedwig.

Wieder dieses ekelhafte Wort: Allein!

Sollte ich einen neuen Michelangelo suchen? Aber wer garantierte mir, daß aus dem nicht auch ein Micheldiavolo wurde?

Um den Monte Valdo wirklich zum Leben zu erwecken, brauchte es ein Ehepaar, so wie Hedwig und Max, und nicht eine Herrin und einen Knecht.

Auch das dritte Ereignis war ein Besuch: Guido. Guido aus Froda. Steif und etwas unbeholfen kam er zur Spitaltür herein, einen großen Strauß Rittersporn in der Hand.

«Ich muß mit dir reden», sagte er. Und dann machte er mir einen Vorschlag.

Die Leute, an die er das «paradis pining» vermietet hatte, bezahlten die Miete nicht. Die Nase habe er voll von Mietern! Ob ich das Haus nicht kaufen wolle?

Ich dachte an die glücklichen Wochen, die ich dort verbracht hatte, an die Dusche bei minus vierzehn Grad, an die Lichter von Froda. Ich hörte Marinos Gute-Nacht-Gebimmel, das Rauschen des Flusses...

«Du bist gut», sagte ich. «Ich habe doch kein Geld dafür!»

«Und du schwebst – wie alle Frauen – in den Wolken. Natürlich hast du Geld. Verkauf doch den Monte Valdo. Jetzt, wo Wasser da ist und bald ein Telefon, kannst du einen rechten Preis dafür verlangen.»

«Den Monte Valdo verkaufen? Das wäre glatt dasselbe, wie mir selbst beide Hände abhacken. Du bist nicht bei Trost. So viele Hoffnungen sind da drin, so viel Schweiß, so unendlich viele Sorgen – und so viel Beglückendes.»

«Ja», sagte Guido «und auch das Blut aus deiner Kopfwunde, ein gebrochener Fuß vom letzten Jahr, ein kaputtes Bein und ein gebrochener Arm diesmal. Ich frag' mich, was du das nächstemal brichst? Wohl das Genick! Überleg dir mein Angebot.»

Er nannte einen sehr bescheidenen Preis für das Haus, etwa dreihundert Quadratmeter Kulturland, das Seilbähnchen und die Garage.

Wie wenig Überlegung hatte es damals gekostet, den Valdo zu kaufen – und wie viele Hins und Hers mußten erwogen werden, um ihn wieder zu veräußern. Drei Tage lang kämpfte ich mit mir, mit dem Wort «allein», und mit dem, was Onkel Arthur geschrieben hatte: «Es ist schwerer, kein Held zu sein...»

Es war schwer, furchtbar schwer!

Schließlich siegte das, was man den «gesunden Menschenverstand» nennen kann: Ich verkaufte meine «Kleine Welt», den Monte Valdo, um dafür das «Kleine Paradies» in Froda zu erstehen.

Auf ein kleines Inserätchen meldeten sich achtundsechzig Interessenten. Der erste, der zur Besichtigung kam, entschloß sich zum Kauf. Als wir dies mit Handschlag bekräftigten, kamen mir beinahe die Tränen. Ein gutes Stück meines Herzens wird für immer auf dem Monte Valdo bleiben.

Ich hoffte, daß der Käufer mein Werk fortsetze, daß der Monte Valdo nie mehr wieder einschlafe...

Mein turbulenter Alltag und dann der Unfall hatten mich eines total vergessen lassen: mein Manuskript. Zwei Wochen nach Unterzeichnung der Kauf- und Verkaufsverträge kam der Brief, in dem stand: «Wir möchten das kleine Buch gerne machen.»

Und ein Vertragsentwurf war dabei, in dem so wichtig klingende Worte standen wie «Honorar», «Umbruchkorrekturen», «Nebenrechte», «Kontrahent» und – gräßlich – «Verramschen».

Ich unterschrieb mit wackliger Schrift, war als werdende Autorin entsetzlich aufgeregt und traurig zugleich. Wenn Michelangelo das wüßte!

Ich wohne in der Luxusvilla

Das Haus in San Michele wurde termingemäß auf Anfang Oktober fertig. Ich wohnte der Einfachheit halber wieder dort. Mein Gipsbein ließ sich Zeit, um zu heilen. Ich konnte auch nicht Auto fahren.

Herr Dr. Vontobel schrieb mir, er müsse seine Rückkehr aus New York um einige Monate verschieben. Ob ich nicht Lust hätte, bis dahin in San Michele zu bleiben. Aus Vernunftgründen sagte ich zu. Ich hatte meinen Kräften zuviel zugemutet, gelebt wie eine Kerze, die an beiden Enden zugleich brennt. Der Arzt hatte mir vor der Entlassung aus dem Spital eine Standpauke gehalten, die darin gipfelte, daß ich schließlich nicht mehr sooo jung sei. Mit vierundvierzig

Jahren habe man das Recht, sich das Leben ein bißchen gemütlicher einzurichten.

Also richtete ich mich ein in der Luxusvilla mit Zentralheizung, Geschirrwaschmaschine, Waschmaschine, Tumbler, geheiztem Swimming-pool, in einem Haus, wie der schweizerische «kleine Hansli» und der deutsche «kleine Moritz» sich ein Tessiner Ferienhaus vorstellen. Aber eines, das geradesogut in Hollywood stehen könnte.

Ich nahm mir Zeit, auf Antiquitätensuche zu gehen, stellte eine Sammlung von über dreißig Schlüsseln zusammen, von Gotik bis zum Empire, suchte Orientteppiche, fand den wunderschönen Puttenkopf eines barocken Kirchengestühls, dekorierte den Korridor mit Dreschflegeln und Heugabeln aus verschiedenen Schweizer Landesgegenden, mit einer Sammlung schmiedeiserner Kuhglockenschnallen. Mein Kunde hatte mir beigestimmt, daß es originell sei, zu betonen, daß dieses Gebäude einmal ein Kuhstall gewesen war.

Wonnen eines Gartengestalters

Innen war alles perfekt. Nun fehlte noch die Gartenanlage. Es sollte ein Garten werden mit subtropischen Pflanzen. Garten – außer dem Anpflanzen von Kartoffeln und Tomaten ein für mich neues Gebiet. Und, wie ich bald feststellte, ein faszinierendes Gebiet. Ich hatte mir eine ganze Bibliothek von Gartenbüchern erstanden. Innen-Einrichter ist ein schöner Beruf. Außen-Einrichter ist noch viel schöner, weil man es mit Lebendigem zu tun hat. Da gilt es nicht nur, zueinander passende Farben, Formen und Materialien zusammenzustellen, sondern auch noch die Zeit der Blüte zu beachten, die Wahl des Standorts, die Erdbeschaffenheit. Ich schwelgte in botanischen Namen, die mir seltsamerweise sofort im Gedächtnis haften blieben. Und dabei schaffte ich es nur mit Mühe, mir meine eigene Telefonnummer zu merken.

«Osmanthus» und «Bignonia» – das tönte wie die Namen des Liebespaares in einer antiken Sage. Wenn man aber dafür «Ölbaum» und «Trompetenblume» sagte – futsch war die Poesie!

«Ich glaube, in meinem nächsten Leben werde ich Gärtner», sagte ich zum Gärtnermeister Kehr in Minusio, als ich mit ihm meinen Bepflanzungsplan besprach.

«Ich werde sowieso wiederum Gärtner», sagte er, «und werde Sie dann als Lehrling einstellen.»

So ist wenigstens die Frage meiner nächsten Rückkehr zur Erde gelöst. Falls ich als Mensch zur Erde zurückkehre und nicht zum Beispiel als Huhn.

Luxus erzeugt Depressionen

Es wurde Winter. Ich saß in meiner zentralgeheizten, automatischen Behausung und langweilte mich. Die Post wurde ins Haus gebracht, auch Lebensmittel und Getränke. Man brauchte nur zu telefonieren. Ich mochte nicht einmal mehr lesen. Das Spinnrad stand nutzlos in der Ecke, eine angefangene Strickarbeit verhalf den Katzen zu vielen lustigen Spielstunden. Morgens stand ich auf, weil die Tiere dies von mir verlangten. Ich war zu faul, mir etwas Anständiges zu kochen. Kurz, ich war daran, zu verschlampen.

Mein Rheumatismus, der mich in der Stadt oft so geplagt hatte, daß ich im Winter an Krücken gehen mußte, von dem ich auf dem Monte Valdo und in Froda nie etwas gespürt hatte, suchte mich wieder heim. Ich konnte nicht einmal humpeln, weil beide Knie geschwollen waren und schmerzten. Ich konnte auch nicht schreiben, die Finger taten zu sehr weh. Ich sah die Zukunft schwarz – dunkelschwarz – und hatte gar keinen Grund dazu.

Um mein seelisches Tief noch tiefer hinunterzudrücken, verschwanden am selben Tag Susi Stäubli und eines der Schnurrli, um nie mehr heimzukommen. Sie waren ohne Zweifel in einem Kochtopf gelandet.

Das einzige, wirklich allereinzige, was ich an den Tessinern bemängle, ist ihre ekelhafte Vorliebe für Katzenbraten. In Froda war das anders, da kannte jeder die Katze des Nachbarn – meist sogar mit Namen – und die ließen sie ungeschoren.

Wie eine Erlösung war's, daß mein Auftraggeber Mitte Dezember sein Haus übernehmen wollte.

Heim, endgültig heim nach Froda

«Zum allerallerletzten Mal, ich versprech's hoch und heilig», versicherte ich meiner verbliebenen Tierleinschar, als ich sie mit und ohne Körbchen im Wagen verstaute.

Guido hatte ich schon vor zwei Tagen gebeten, ein Kaminfeuer, ein ganz starkes, zu unterhalten. Die Eiseskälte vom letzten Jahr war noch unvergessen. Und da war nun noch das verflixte Rheuma.

«Bleibst du jetzt immer da?» fragte Emilia. Sie trug eine hohe Heulast auf den Schultern und hatte mich eingeholt, als ich das Weglein aufwärts humpelte.

«Ja», sagte ich. «Und wenn ihr mich nicht fortjagt, bleib' ich da, bis ich sterbe!» Und mir ist's ernst damit, auch heute.

Welch wunderbares Gefühl, nach einer langen Odyssee am Ziel angelangt zu sein. Daheim zu sein. Und ich war sogar im Paradies, im ganz kleinen (und kalten) daheim. Die Rosenranke am Gartentor zupfte mich wie immer am Haar. Heute sprach die Rose sogar. Sie konnte Schweizerdeutsch und sagte: «Salü duu.»

In der Küche stand ein Fiasco Wein, lag ein fein säuberlich eingepackter halber Laib Käse aus dem Maggiatal. Guido hatte mich einmal belehrt, das sei der beste und teuerste des Tessins.

An der Wohnzimmertür hing ein Kärtchen: «Benvenuto nel tuo piccolo paradiso», auf dem Tisch prunkte eine rosarote Azalee in voller Blüte. Vor dem Kamin stand ein Funkenschutzgitter mit meinen Initialen.

Die dritte Überraschung war so groß und so bezeichnend für Guido, daß ich mich hinsetzen mußte und nur noch heulen konnte. Der Raum war wunderbar warm. Dank des Feuers – und eines schönen, neuen Ölofens, der hinter dem Kamin stand und freundlich bullernde Tönchen von sich gab. Und im Korridor standen zehn volle Ölkannen.

Noch am selben Tag begann ich mich einzunisten wie in einer Burg, der eine Belagerung bevorsteht. Im eiseskalten Schlafzimmer, in dessen Nische hinter dem Bett sich seinerzeit die Katzenkinderstube befand, legte ich unter die Leintücher einen elektrischen Bettwärmer, so etwas wie ein riesengroßes Heizkissen mit Stufenregulierung. Auch wenn die Temperatur im Raum unter null Grad sank, in diesem Bett hatte ich sogar mit meinen Rheumaknochen warm – sofern die Stromzufuhr nicht aussetzte...

Auch die Tiere schienen zu fühlen, daß wir in unserem endgültigen Daheim angelangt waren. Meine unnahbare Bimbodame, die sich in San Michele prinzipiell nur zum Fressen blicken ließ, nahm Besitz vom Stuhl beim Ölofen. Bona legte sich auf das Bänkchen vor dem Kamin.

Abends um sieben Uhr wurde uns die nächste Überraschung beschert: Marino spielte eine Melodie auf den Kirchenglocken.

Es ist ein schöner, weihnächtlicher Brauch, daß von Mitte

Dezember bis zum Heiligen Abend anstatt des Abendgeläutes das Glockenspiel ertönt. Man muß schon einmal auf den Glockenturm geklettert sein, Leiterchen um Leiterchen erklimmend, mit der Taschenlampe Mäuse aufscheuchend und mit den Haaren Spinnweben mittragend, um so ein Glockenspiel gebührend zu würdigen. Und dann der Wind, der durch alle vier Lücken des Turmes bläst, und der Hall der Glocken, der einem beinahe die Trommelfelle platzen läßt. Marino nimmt jeden Abend diese Mühe auf sich, um uns paar Leutchen Weihnachten näher zu bringen.

Lieber Marino – ich würdige deine Musik. Sie ist mein größtes Weihnachtsgeschenk. Jahr für Jahr – solange ich lebe.

Nach einer Woche war mein Rheuma weg – fortgeblasen. Meine Unternehmungslust erwachte wieder. Ich mußte aufstehen, um den Ölofen aufzufüllen. Ich mußte zur Post gehen, weil ich der über siebzigjährigen Posthalterin den Gang zu mir ersparen wollte. Ich mußte zu Silvia, um Milch zu holen und Eier, mußte um halb neun Uhr morgens dort stehen, wo der Bäcker durchfuhr, wollte ich Brot – oder ich mußte es selbst backen. Ich mußte dürre Äste suchen, sollte mein Kamin brennen.

Dieses Muß, dieser Zwang war meine Rettung. Körperlich und seelisch. Einer, der täglich die primitivsten Dinge des Lebens, Wärme, Essen, Trinken, Wasser erkämpfen muß, hat keine Zeit deprimiert zu sein. Dazu kommt, daß man in einem nicht zentralgeheizten Haus instinktiv besser auf seine Gesundheit achtet. Hier hatte ich mich wieder von Kopf bis Fuß in selbstgestrickte Kleider gestürzt, die in San Michele zu warm gewesen waren.

Am Heiligen Abend – Marino spielte heute nicht etwa ein Weihnachtslied, sondern dasjenige, das den schönen Frauen des Acquaverdetals huldigt – stellte Silvio lachend fest: «Die Caterina ist wieder in pista – im Schuß!»

Ich auf einer Party

An Silvester war ich zur Hauseinweihung bei Herrn Dr. Vontobel eingeladen. Ein Kneifen gab's da nicht. O Gott, er hatte ja keine Ahnung, was er mir damit antat. Ich auf einer Party! Das war so ähnlich, wie wenn man einen verwilderten Hund unbestimmter Rasse mit lauter Schoßhündchen mit ellenlangen Stammbäumen in denselben Zwinger sperrte.

Zum Glück hatte ich immer noch ein langes, handgewobenes, griechisches Kleid und besaß auch noch den Schmuck meiner Mutter. Übungshalber zog ich alles an, um mich vor meinen sehr verwundert guckenden Hunden und Katzen in Salonschrittchen und eleganten Bewegungen zu üben. Ich kam mir vor wie ein Affe im Zoo. Meine Tiere waren die Zuschauer. Es war sehr wohlerzogen von Bona, daß sie mir keine Banane reichte.

Gut war's, daß ich Hauptprobe machte. Meine Füße gingen nicht mehr in die einzigen schicken Schuhe, die ich noch besaß. Die drei Jahre in Zoccoli oder Gummistiefeln hatten ihre Spuren hinterlassen. Was tun? Zu einem griechischen Kleid paßten Zoccoli auch.

Den Schmuck, so entschloß ich mich, würde ich beiseite lassen. Der paßte nicht zu «der Caterina». Die Haare wurden natürlich frisch gewaschen. Und Make-up?

«Concentrated sun tan – die Farbe, die jeder Frau schmeichelt» hatte mir die Sonne von Froda pflegend aufgetragen, während ich sechsunddreißig Flaschen Wein zu meinem Haus geschleppt hatte.

Ich wartete, bis es dunkel wurde. Keiner von Froda durfte meinen seltsamen Aufzug sehen. Langes, fließendes Abendkleid, mit einer Packschnur hochgebunden, damit ich nicht stolperte. Meine üblichen Bauern-Gummistiefel an den Füßen, die Zoccoli in der einen Hand, in der andern ein Beutelchen, das ich mir in der Eile aus selbstgesponnener Wolle gestrickt hatte, und die Taschenlampe.

Das Haus in San Michele strahlte in vollem Festesglanz. Zwei dreiflammige Kandelaber, zwei Außenlampen und die Schwimmbadscheinwerfer tauchten Fassade und Garten in ein weiches Licht. Der Garten sah auch jetzt schön aus: Pampasgras, Araukarien, Mimosen, Kamelien, Rhododendron, Oleander, Fächerpalmen, Azaleen. Ich war stolz auf mein Werk.

Zum Glück hatte ich den Bananenbaum so weit in eine Ecke plaziert, daß man ihn jetzt nicht beachtete. Er präsentiert sich im Winter nämlich ganz und gar unexotisch: wie ein großer Haufen gekochter Spinat.

Im Haus drängte sich die deutsche und Deutschschweizer High Society des Tessins. Aber Tessin oder Zürich oder Frankfurt oder Paris – High Society ist überall etwa dasselbe. Gesprächsfetzen, ein Diener, der Champagner reicht, Leute, die sich auf in mühseliger Arbeit garnierte winzige Brötchen stürzen, zuviel Licht, zuviel Rauch, zu laute Musik. Ich freundete mich mit einer älteren Dame an, die so verloren im Gewimmel stand wie ich. Die Witwe eines sehr, sehr berühmten Künstlers. Sie lebt in Ascona und erzählte mir, wie unendlich einsam und allein sie sich da fühle. «Einsam und allein», gleich zwei Worte, um dasselbe – oder doch nicht ganz dasselbe? – auszudrücken. Und das an einem so belebten Ort wie Ascona.

Ich glaube, es gibt nirgends mehr einsame Leute als an fashionablen Orten. Man besucht sich nur nach Voranmeldung und nur mit einem Präsent. Hauptgesprächsstoffe sind hohe Steuern, Aktien, Dividenden, Dienstboten, wer mit wem... Wievielmal unkomplizierter und schöner war doch mein Leben in Froda. Ich bin auch relativ allein, aber nie einsam, dafür sorgen Emilia, die Postina, die Tiere, Guido, und wer weiß ich noch.

Meine Welt ist die Welt der kleinen Leute, mein Paradies ist ein Paradies für mich und meine Tiere. Wie viel, viel reicher war ich doch als all diese reichen Leute!

Wieder bauen, diesmal in Froda

Das Jahr, das diesem Silvester folgte, stand unter einem guten Stern. Während der Wintermonate plante ich den Umbau. Ich konnte den Dachgiebel gegen den Hang zu verlängern und so ein geschlossenes Treppenhaus schaffen. So waren das Wohnzimmer, die beiden Schlafräume und die Dusche miteinander verbunden, ohne daß man ins Freie mußte. Die Treppe in die Küche – da gab's nichts zu ändern – würde immer außen durch führen. Schließlich war mein Haus einmal ein Stall gewesen. Küche = Ziegen, unteres Schlafzimmer = Heustock, Gäste-Schlafzimmer = Kaninchen. Das Wohnzimmer und die Dusche hatte Guido im Anbau untergebracht, mit dem Geld, das ich ihm seinerzeit für den Monte Valdo bezahlt hatte. Und nun hatte ich es ihm mit dem Erlös des Monte Valdo wieder abgekauft. Er war also doppelt mit meinem kleinen Paradies verknüpft.

Ich konnte den Frühling kaum erwarten. Mein ehemaliger Lehrmeister, Marco, übernahm den Umbau, zusammen mit Luigi und Gildo. Ach, war das schön, mit meinen alten, guten Kollegen zusammenzusein, il profumo del cemento zu riechen. Damit ich schneller vorwärts kam, halfen am Samstag auch meine Italiener mit. Sie wetteiferten miteinander. Ich durfte kaum einen Schubkarren schieben und war hauptsächlich damit beschäftigt, für sie zu kochen. Zwischendurch bediente ich die Seilbahn. Es war notwendig gewesen, für den Baumaterial-Transport eine Seilbahn mit Benzinmotor zu montieren. Es war ja schön, daß die Zement- und Kalksäcke, der Betonkies und die Elemente des Schwimmbassins so mühelos heraufschwebten, aber der Gestank!

Schwimmbassin – ja, auch das wollte ich. Es war ein wichtiger Teil meiner geplanten Siedlung auf dem Monte Valdo gewesen. Nun ließ ich es eben hier bauen. Wie oft hatte ich im wasserlosen, heißen Sommer auf dem Monte Valdo von einem Schwimmbassin geträumt. Man mag mir verzeihen, daß ich diesen Wunsch nun hier verwirklichte. Ich selbst verzeihe es mir nicht. Es wäre viel, viel gescheiter gewesen, mit diesem Geld einen Stall zu bauen! Aber nun, das läßt sich nicht mehr ändern.

Wiederum durfte ich einen Garten anlegen. Wir hatten auf der Süd- und Westseite des Hauses Stützmauern angebracht, viele, viele Seilbahnladungen Erde herauftransportiert. Zum Schluß kamen die bei Herrn Kehr nach langen Besprechungen eingekauften Pflanzen: Clematis, Lavendel, Strauchrosen, Geißblatt, Lupinen, Phlox, Rittersporn, weiße und gelbe Margeriten, Seidelbast, Fingerhut, Eisenhut, Mohn, Königskerzen, Weigelien, viele Lilien, Azaleen, Zwergrhododendron und sogar eine Kamelie, der ich dann im Herbst ein gut gepolstertes Zeltchen wie ein Indianer-Wigwam baute.

Sonnenblumen, Kosmeen und Kapuzinerkresse zog ich auch hier aus Samen. Mein Garten sollte ein wilder Garten werden, aber nicht ein verwilderter. Er wurde es. Walderdbeeren siedelten sich in allen Zwischenräumen an, auf diese Weise das Unkraut fernhaltend und mir zugleich manche Handvoll herrlicher Desserts liefernd.

Gleich bei der Küche war ein ideales Plätzchen für einen Kräutergarten. Für zwanzig verschiedene Gewürzlein bot er Raum, und meine Sommersalate verwandelten sich in wahre Delikatessen.

Wir hatten vor ein paar Stunden die Außentreppen betoniert, als Guido zu einer Inspektion der Arbeiten aufkreuzte.

«Halt, halt, nicht drauftreten», rief ich. «Der Beton ist noch naß.»

«Oh, dann mach's doch wie die berühmten Filmschauspieler in Los Angeles am Chinese Theatre», sagte Guido, il grande americano, «bring deine Hand- und Fußabdrücke an, das bringt Glück!»

Also tat ich's. Glück kann man immer brauchen. Man konnte nun meine Schuhnummer und meine Handgröße am Eingang ablesen. Auch diejenige von Bona. Sie war rings um mich herumgelaufen. Ich bin sicher, nun bringen die Abdrücke *noch* mehr Glück.

Auf der Treppe, die vom Seilbähnchen in den Hof führte, schrieb ich die Namen meiner Tiere. Eine lange Liste:

Susi Stäubli
Bimbo Seidenglanz
Schnurrli und Murrli Schranz
Fritzli Frech
Finkli
Mösli von Flum
Seppli Dick
Maxli Murr
Käpseli Pitt
Töbi Kupferblätz
Bona
Grano
Tasso
Herr Gianini
die kleine Bona

Weitere Treppenstufen waren nicht da. Darum fehlen auf dieser Liste die später geborenen Tiere, die genauso würdig wären, aufgeführt zu werden:

Tipsi, Tapsi und Topsi
Onkel Fritzli Goldschatz

Tante Tinchen Dreckspatz
Tigi Bär
der kleine Bimbo
die beiden Sissi Seidenglanz

Gar nicht zu reden von Fridolin dem Bösen, Marta, Hermine, Nanni und ihren vielen, vielen Kindern...

In meinem Herzen, *auch* in meinem Herzen hat's für viele Tiere Platz, aber die Treppenstufen waren vollgeschrieben.

Ich weiß gar nicht mehr, wie die Monate dahinflogen. Aber an eines erinnere ich mich noch genau: eines schönen Tages hielt ich das, was der Verlag als «Umbruch» bezeichnete, in der Hand.

Es war ein seltsames Gefühl, zum erstenmal meine eigenen Worte gedruckt zu sehen. Ich hatte mehr Distanz zu ihnen. Gedrucktes ist wohl immer fremder. Ich las meine eigene Geschichte wie eine unbekannte – und ärgerte mich am Schluß, weil da nicht stand, ob Michelangelo nun seine Gärtnerin gefunden hatte.

Dann vergaß ich das Buch wieder, beschäftigt mit meinem nächsten Ziel: Selbstversorgung. Gemüse, Salat, Hühner, Kaninchen und – falls das Buchhonorar dies erlaubte – einen Esel zum Warentransport bergaufwärts. Die Seilbahn mit dem Benzinmotor hatten wir längst abmontiert. Schön war es ja, nichts zu tragen, aber der Gestank!

Guidos altes, wasserangetriebenes Seilbähnchen hatte seinen Atem ausgehaucht, als ich die ersten Ölkannen heraufziehen wollte. Da saß ich nun mit meinem schönen Ölofen. Und die siebenhundertfünfzig Liter Heizöl standen fein säuberlich in Fünfzehn-Liter-Kannen abgefüllt bei der Brücke!

Da ich keinen Esel hatte, mußte ich er eben selber sein. Ich schuf mir (zum wievieltenmal?) ein Plansoll: Täglich neun Kannen. Am besten war es, in jede Hand eine zu nehmen und eine in den Rucksack zu stecken. Gleichmäßig verteiltes Gewicht trägt sich am besten.

Zum Trost dachte ich an Hedwig und Max, die ihre Dachziegel über eine viel größere Distanz und eine ärgere Steigung geschleppt hatten.

Welche Wonne war es dann, im Wohnzimmer zu sitzen, wo ein so herrlicher Ofen brannte. Man mag mich auslachen. Aber auf dem Buckel geschlepptes Heizöl gibt viel wärmer, zweimal sogar!

Der Kamin hingegen – der streikte! Ich hatte die Fenster mit Isolierglas versehen lassen. Offenbar war die Frischluftzufuhr nun zu gering. Innert kürzester Frist saß ich tränend und hustend vor einem verglimmenden Totenlichtlein. Ich tröstete mich wieder einmal, daß der Mensch nicht alles auf Erden haben kann.

Ein Buch erscheint. Meines!

Und dann kam der denkwürdige Tag, an dem ich auf der Post ein Paket des Verlages fand. Zwanzig Freiexemplare meines Buches. Die Postina kaufte gleich eines, um es ihrer deutschen Schwägerin in Kalifornien zu Weihnachten zu schenken. Vornedrauf prangte ein Farbfoto des Monte Valdo, das ich an jenem Tag gemacht hatte, als die Quelle versiegt war. Mit Wäschehänge, mit Fräulein Bimbo Seidenglanz, die links neben dem i-Pünktchen von «Kleine Welt» saß, mit Bona, rechts unscharf ins Bild rasend, mit Grano, dessen Kopf das Signet des Verlages bedeckte.

Michelangelo, wenn du wüßtest...

Und dann geschahen mir seltsame Dinge:

Die Kathrin Rüegg, die nur noch zerschlissene Hosen, schlottrige Pullover und Gummistiefel trug, wurde interviewt, fotografiert. In der Televisione der italienischen Schweiz erschien mein Bild. Froda war stolz auf mich.

Der Verlag lud mich zu einem Besuch ein, für den ich mir neue Bluejeans und ein Paar ordentliche Winterschuhe kaufen mußte.

Der Verlag. Das war für mich so etwas wie eine Riesenmaschine gewesen. Oben hatte ich mein Manuskript eingeworfen, gehofft, daß es nicht in der Verbrennungsanlage lande, sondern daß daraus ein Buch würde, das dann unten herauskam.

Und – o Wunder – nun war es herausgekommen. Nicht aus einer Maschine, denn – das sah ich sofort – Verlage sind auch Menschen! Solche, die auf einen Zug eilen, Hobbies haben, zuviel rauchen! Das war sehr beruhigend.

Eigentlich hatte ich vorgehabt, so etwas wie ein Schweizer Reislein zu machen, alte Freunde endlich wieder einmal zu besuchen. Meine Freundin Helen aus Basel, seit jeher in allen Lebenslagen das, was man auf Schweizerdeutsch «Chummmer-z'Hilf», also «Komm-mir-zu-Hilfe» nennt, hatte sich bereiterklärt, mit zwei ihrer Freundinnen in Froda als Tierleinsitter so lange zu bleiben, bis ich zurückkomme.

Schon nach drei Tagen merkte ich beim abendlichen Telefongespräch mit Helen, daß etwas nicht klappte. Ihre Stimme klang unglücklich.

«Wann kommst du wieder?»

Gottlob, nun hatte ich eine Ausrede, um meine Reise auf ein Minimum zu beschränken. Niemand konnte es mir übelnehmen, wenn ich dringend heim zu meinen Tieren mußte.

Wiederum hatte mich jene Scheu befallen, die eine Katze in einem fremden Raum sich unterm Sofa verkriechen läßt. Schuld waren Zürich und Basel im Vorweihnachtsflitter.

Sternchen und Bäumchen und Kerzlein und Kügelchen und Engelein, glänzend und glitzernd, um das Weihnachtsgeschäft anzukurbeln! Leute, mit bunten, goldverschnürten Päckchen, sich im Tram stoßend oder um ein Taxi streitend. Vom Weihnachtsgebäckbacken todmüde Mütter, quengelnde Kinder!

Nach den Feiertagen würden die Weihnachtsverpackungen die Kehrichtabfuhr noch mehr belasten, die Leute würden noch nervöser sein, die Buchhalter mehr oder weniger befriedigt den diesjährigen Dezemberumsatz mit dem letztjährigen vergleichen, die Kinder sich mit dem Gebäck den Magen verdorben haben...

Aber – was hatte das mit Weihnachten zu tun?

Irgendwo in meinem Innern hörte ich ganz leise Marinos Glockenspiel, sah ihn, wie er übers spinnwebbedeckte Leiterchen in den eisigen Wind des Kirchturms von Froda stieg, wurde befallen von einem unbändigen Heimweh!

Heimweh

In Basel stand ich lange in einem großen Warenhaus in der Bücherabteilung. Da lagen acht Exemplare meines Buches. Ich wollte warten, bis jemand eines kaufe. Ich habe so eine dumme Gewohnheit, mit mir selbst kleine Feierchen zu feiern. Die Dusche in Froda war eines, das Bad auf dem Monte Valdo ein zweites, und nun kam das dritte dazu: erster Verkauf meines eigenen Buches. Nach einer langen Wartezeit kam ein junger Mann, blätterte – bitte, er blätterte in *meinem* Buch! –, legte es wieder weg. Er nahm ein nächstes Buch in die Hand, ein anderes... Das ganze Haus fing an, sich um mich zu drehen. Bimbo Seidenglanz entsprang der Fotografie und strich kläglich miauend um meine Beine. Das Buch selbst, es schwebte wie eine Möwe durch die Luft, dem Ausgang zu.

Ich schnappte nach Sauerstoff wie ein Fisch auf dem Trockenen.

Fluchtartig verließ ich das Geschäft, eilte bis in die Mitte der Rheinbrücke, hielt beim süßen gotischen Kapellchen, das Käppelijoch heißt, und atmete tief, tief ein. Zentralgeheizte, von vielen Menschen verbrauchte Luft war nichts mehr für mich. Kein Wunder, daß auch das Käppelijoch leer war. In diesem Öl- und Benzingestank konnte es kein Heiliger aushalten.

«Wenn's dir zu bunt wird, und wenn's zu sehr stinkt, dann komm zu mir, in die Mitte *meiner* Brücke», sagte ich zum Kapellchen. «Dort ist die Welt noch in Ordnung und die Luft riecht nach Schnee, oder nach Blumen, oder nach Holzrauch, Schafen und Ziegen – aber nach nichts Künstlichem.»

Das Kapellchen schwieg. Nur ein Spatz hüpfte vergnügt dort herum, wo eigentlich der Platz der Madonna oder eines Brückenheiligen wäre. Aber, Basler, merkt euch: Wenn das Käppelijoch eines Tages nicht mehr auf der Mittleren Brücke steht, dann findet ihr es auf meiner Brücke im Acquaverdetal – und dann findet ihr auch mich!

Am gleichen Tag kehrte ich heim. Ich hatte mein Wägelchen in San Michele am Bahnhof geparkt, fuhr wie ein Pferd mit immer mächtigerem Stalldrang immer schneller talaufwärts. Es war noch kein Schnee gefallen. Eine goldene Sonne lag auf der Welt. Schafe weideten, versperrten oft meinen Weg und hießen mich meine Ungeduld zügeln.

Von meiner Brücke aus rief ich, nachdem ich schnell ans Käppelijoch gedacht hatte, nach Bona. Sie hörte mich, bellte, jaulte, tobte, war rein außer sich vor Freude und kugelte förmlich den ganzen Hang herunter. So ein Willkomm allein war das Heimeilen schon wert. Und dann die Katzen: eine hinter der andern, alle mit hocherhobenen Schwänzen, jede mit ihrem besonderen Begrüßungswörtchen, das «mrrr» oder «brmm» oder «mau» oder «mii» hieß...

Mein Paradies
ist nicht jedermanns Paradies

Meine drei Hüterinnen hatten das Haus vom Dach bis zum Keller auf höchsten Hochglanz poliert. Aber irgendwie herrschte unter den drei Freundinnen eine gedrückte Stimmung.

«Schrecklich ist es hier. Nur dreieinhalb Stunden täglich schien die Sonne. Und einsam waren wir. Und diese Berge drücken einem aufs Gemüt. Und im Korridor ist's sooo kalt. Und unbequem ist es, daß man jedesmal ins Freie muß, wenn man in die Küche will.»

Ich merkte es: Keine zehn Pferde würden sie wieder hierher bringen. Sie fuhren mit dem nächstmöglichen Postkurs heim, begleitet von meinem aufrichtigen Dank – und mit meiner nachdenklichen Verwunderung.

Mein Paradies war offenbar nicht jedermanns Paradies. Aber nicht jedermann hatte die Unbequemlichkeiten des Monte Valdo erlebt und dadurch den Luxus in Froda schätzen gelernt. Vielleicht war es auch so, daß ich mein Paradies liebte, wie man einen Menschen lieben sollte: Ich nahm die schlechten Seiten um der guten willen im nebenhinein in Kauf. Aber die guten überwogen tausendmal!

Das bewies mir wiederum Weihnachten. Weihnacht ohne Geschenkpakete und Goldschnürchen.

Die Postina hatte eine dicke Kerze für mich als Geschenk bereit. Nicht «für schön», nein, für den Fall, daß – wie jeden Winter – der Strom aussetzen würde.

Teresina schenkte mir Schafwolle zum Spinnen von Wolle zu Kniewärmern für meine armen Rheumaknie, die sich dieses Jahr schön still verhielten. Silvia brachte mir ein halbes selbstgebackenes Brot.

Emilia kam, als es bereits dunkelte, auf ihrem Heimweg

vom Ziegenstall. Sie stellte ein Glas voll Schweinefett auf den Tisch: «Da, schmier das aufs Tragseil deines Seilbähnchens, dann wird es wieder funktionieren.» Dann schaute sie sich in meinem Wohnzimmer um. «Ja, wo ist denn dein Weihnachtsbäumchen?»

«Ich habe keins. Ich habe in der Stadt soviel Weihnachtsflitter gesehen, daß ich schließlich vergaß, für mich ein Bäumchen zu kaufen.»

«Also nein, so was! Das geht nicht!» Die resolute Emilia ging hinaus in die Dunkelheit, in der es leise schneite. Nach einem Weilchen kam sie zurück, Schneeflocken auf der Jacke, der Schürze und dem Kopftuch, unterm Arm ein verkrüppeltes Bäumchen. Aus der Schürzentasche zog sie mit rot angelaufenen Händen zwei Äpfel und eine Kerze.

«Da, nun hast du alles, was du für eine rechte Weihnachtsfeier brauchst. Daß du deinen ‹Frieden auf Erden› hast, wissen wir schließlich alle.»

Sie schaute lachend auf drei Kätzchen, die gerade Teresinas Kniewärmerwolle zu kleinen Flöckchen zerzupften.

Den Rest des alten Jahres verbrachte ich mit Beantworten von Leserbriefen. Man soll sich's gut überlegen, Autor zu werden. Was da alles über einen hereinbricht!

Alle, alle wollten sie wissen, ob Michelangelo seine Gärtnerin gefunden habe. Es gab auch Leser, und vor allem Leserinnen, die im Eifer vergaßen, ihre eigene Adresse anzugeben. Das sind die einzigen, die nie Antwort von mir erhielten.

Der große Richard Katz, den ich sehr verehre, schrieb irgendwo, daß er sämtliche Leserbriefe persönlich beantworte. Wenn er das gekonnt hatte, war es doch selbstverständlich, daß die kleine Kathrin Rüegg das auch tun mußte. Public relations! Ich wußte damals allerdings noch nicht, daß Richard Katz einen Sekretär hatte.

Ich bekam zwei Heiratsanträge, Angebote für Fahnenstangen, für Grillgeräte, für die wärmste aller warmen Wäschen, für Eisschränke mit Butangas-Antrieb, für Bergschuhe. Ein Ingenieur sandte Prospekte für Sonnenreflektoren zur Wärmeerzeugung, eine Firma machte mich auf ihr Spezialgebiet aufmerksam: Herstellung von Sickergruben in Kunststoff.

Ein paar Leser maulten, weil in meinem Buch viel zu wenig über Liebe und Sex stehe... Ihnen, aber nur ihnen, erzähle ich hier mit einem Augenzwinkern im Knopfloch, was mir mit dem Playboy von Froda passierte...

Ich und der Playboy von Froda

Das alte Haus am Dorfeingang hat für mich eine seltsame Anziehungskraft. Es wäre ein wunderbarer Schauplatz für eine Kriminalgeschichte.

Von seiner ockerfarbigen Fassade sieht man nur noch wenig... «toran» kann man von der Aufschrift «Ristorante» noch lesen. Jemand hat vor zweihundert Jahren zu nahe an jede Hausecke eine Zeder gepflanzt. Die Bäume sind riesig geworden und ersticken das Gebäude beinahe.

Im Garten gibt es steinerne Bänke und Tische, auch eine Bocciabahn. Jetzt ist alles unter einer dicken Schneedecke begraben. Die bunten Lämpchen, romantische Beleuchtung lauer Sommernächte, hängen immer noch da. Als armselige rote, gelbe und grüne Pünktchen heben sie sich vom Schnee ab. Sie scheinen zu frieren.

Ich drücke auf die Klinke. Die Haustür quietscht in den Angeln. Ein Stück Papier flattert von irgendwo her auf den Fußboden. «Chiuso» steht darauf. Ganz geschlossen ist das Haus aber doch nicht, sonst ließe sich die Tür nicht öffnen.

Ich betrete eine Dorfwirtschaft, die aussieht wie hundert

andere: ein Schanktisch mit messingnen Bierhahnen, chromglitzernder Kaffeemaschine, Registrierkasse. Der Wand entlang ziehen sich Bänke, vor den Tischen stehen Stühle, ein Spielautomat mit einer gräßlich bunten, zersplitterten Scheibe ist da, an den Wänden schief hängende Plakate: «Luganella», «Birra di Bellinzona», «Gelato Motta». Alles ist mit einer feinen Staubschicht bedeckt. Es ist eiskalt.

Ich bin allein.

Ich öffne eine schmale Tür, deren oberer Teil aus Glas mit einem zerschlissenen, karierten Vorhang bedeckt ist. Offenbar ist dies das chambre séparée des Hauses. Eine Maronipfanne hängt an der Wand. Über den gelochten Boden hat man ein rotes Glas gelegt und dahinter eine Glühbirne angezündet. Sozusagen Tessiner Tangobeleuchtung. Die eine Mauer ist mit einer Strohmatte bekleidet. In einzelne Halme sind verblichene Fotos eingesteckt. Männer und Frauen in feuchtfröhlicher Stimmung, eine Fußballmannschaft. Dann ist da das Titelblatt einer deutschen Illustrierten: eine nackte Frau, auf dem Kopf eine Militärmütze, in der Hand ein Gewehr. Daneben baumeln in schöner Eintracht ein Paar alte Zoccoli, die hölzernen Sohlen abgelaufen, das Leder schwarz vor Regen, Staub und Alter.

Im Kamin flackert ein Feuer. Es wird von langen Holzstücken genährt, die pyramidenförmig geschichtet sind und weit auf den granitenen Fußboden herausragen.

Ich setze mich auf die Bank und wärme die Hände. Im Gang tappen Schritte.

Er ist also doch da!

Ein Mann betritt den Raum, in der einen Hand eine Weinflasche, in der andern zwei «tazzini», denn hier trinkt man den Wein aus Tassen.

«Oeh», sagt er, sichtlich erschrocken. Er faßt sich aber schnell und fährt fort: «Das Restaurant ist geschlossen. Aber ich lasse oft aus Versehen die Türe offen. Darf ich Ihnen einen Schluck Wein anbieten?»

Wenn ich verlegen bin, werde ich immer rot. Das ärgert mich. Ich kann es mir nicht abgewöhnen, obwohl ich längst kein blutjunges Mädchen mehr bin.

«Ent-entschuldigen Sie bitte», wahrhaftig, jetzt stottere ich auch noch. «Ich wollte nicht stören. Ihr Feuer hat mich zum Bleiben verlockt. Es ist sehr kalt.»

«Mhm», nickt er. «Hier drin noch mehr als draußen, glaub' ich.» Dann sagt er, mehr im Selbstgespräch: «Ecco, hier ist der Korkenzieher also.»

Während der Mann die Flasche entkorkt und den Wein einschenkt, habe ich Zeit, ihn zu betrachten. Bis jetzt hatte ich ihn immer nur von weitem gesehen oder in seinem roten Jaguar vorbeiflitzend und ihn stets höchst faszinierend gefunden.

Er muß so gegen fünfzig sein (also etwas älter als ich), ist sportlich schlank, groß (ein bißchen größer als ich), rassiger Kopf mit dunklem, leicht gelocktem Haar, das an den Schläfen grau wird, römisches Profil. Er trägt einen handgestrickten Pullover aus dicker, pflaumenblauer Wolle (wer hat den gemacht?), aus dem Ausschnitt blitzt ein weißer Hemdkragen. Dunkelgraue Flanellhosen und bequeme Ledersandalen vervollständigen das Bild.

«Nimm dich in acht vor Silvano», hat Angelina mich letzthin gewarnt. «Der legt alle Frauen um. Keine ist vor ihm sicher.»

Jetzt begreife ich das.

Oder ist er vielleicht vor den Frauen nicht sicher?

Der Mann mit dem Namen Silvano reicht mir die eine Tasse, nimmt die zweite und stößt mit mir an. Seine Bewegungen passen nicht zu ihm. Sie sind fahrig, sehr nervös.

«Salute!»

Aus lauter Verlegenheit leere ich die Tasse in einem Zug. Er schenkt wieder ein.

«Paß auf», warnt mich mein inneres Stimmchen. «Er will dich betrunken machen.»

Er schaut mir mit einem schnellen, belustigten Blick in die Augen. Merkt er, daß ich mir vorkomme wie eine Maus in der Falle?

«Nett, daß Sie mich endlich einmal besuchen», sagt er in höflichem Konversationston. «Schließlich sind wir beinahe Nachbarn, wenn auch der Fluß dazwischen liegt. Ich wollte mich zwar schon bei Ihnen vorstellen, habe es dann aber nicht gewagt, um Ihrem guten Ruf nicht zu schaden. Es wird sehr viel geklatscht bei uns, wie Sie vielleicht wissen.»

Was soll ich dazu sagen?

Ich zermartere mein Hirn und suche nach einer unverbindlichen Antwort.

Eine Frauenstimme – es ist Angelina, ich bin ganz sicher – enthebt mich meiner Sorgen.

«Silvano, komm schon endlich und bring den Wein», ruft sie ungeduldig. «Ich bin längst im Bett und friere.»

Das alte Haus am Dorfeingang fasziniert mich immer noch. Man muß offenbar darin nicht unbedingt umkommen...

Reise auf der Achterbahn

Zum Neuen Jahr faßte ich viele schöne und gute Vorsätze. Ich wollte:

ein geruhsames Jahr verbringen,

einen Esel- und Schafstall bauen,

soviel Wiesland roden, daß ich mich möglichst aus eigenem
 Boden versorgen konnte.

Meine Finanzen waren so eingeteilt, daß es für den Stall, den

Kauf der Tiere und ein Jahr Lebensunterhalt reichte, ohne daß ich neue Einrichtungsaufträge annehmen mußte.

Heute, am Montag, den fünfzehnten Dezember neunzehnhundertfünfundsiebzig, während ich diese Zeilen schreibe, fasse ich den ganz guten Vorsatz, nie, nie mehr gute Vorsätze zu fassen. Es kommt doch immer alles ganz anders heraus!

Es begann traurig. Am fünften Januar starb Herr Dr. Vontobel. Herzinfarkt. Ein gutes Jahr lang hatte er sein Haus in San Michele genießen können. Ich weiß, daß er es genoß, denn er sagte es mir oft. Ich pflegte den alten Herrn, der verwitwet und kinderlos war, hie und da zu besuchen. Es gab da Pflanzen im Garten, von denen er nicht wußte, ob dies Unkraut sei oder eine Blume werde.

Er, der große Manager eines Industriekonzerns, verwandelte sich mit seinen fast siebzig Jahren in einen leidenschaftlichen, liebevollen Gärtner.

«Wenn ich daran denke, was ich in meinem Leben alles verpaßt habe, weil ich mich immer nur meiner Arbeit widmete.»

Und nun war er tot.

Und mich hatte er zur Erbin des Hauses in San Michele eingesetzt!

Als ich die Mitteilung des Notars erhielt, hatte ich dasselbe Gefühl im Magen wie einer, der auf der Achterbahn nach einer steilen Talfahrt wieder himmelwärts steuert – um gleich nachher wieder in eine neue Sturzfahrt zu gleiten: Die Erbschaftssteuer verzehrte beinahe all meine baren Mittel.

Was nun?

Da war ich nun Besitzerin eines Luxushauses, in dem ich ganz gewiß nie mehr wohnen wollte. Schon beim Gedanken daran begannen meine Rheumaknie zu schmerzen.

Das Haus verkaufen? Das wäre das klügste gewesen. Aber ich bin eben sentimental. Es schien mir unrecht, denn ich wußte genau: ich hatte es geerbt, damit der Garten in meinen Händen bliebe.

Es einfach leerstehen lassen?

Das konnte ich nicht, denn es lastete eine Hypothek darauf, die ich verzinsen und amortisieren mußte.

Es gab eine patente Lösung: Ich mußte es vermieten. Es gab im ganzen Tessin wahrscheinlich sehr wenige so schön eingerichtete Häuser, die man wohnfertig mieten konnte. Ich gab ein Inserat auf. Von vier Bewerbern wählte ich eine Firma aus, die im Tessin eine Zweigstelle errichten wollte und für ihre Direktoren ein repräsentatives Haus suchte. Wir schlossen einen Zweijahresvertrag ab. Nun konnte ich meine Ende Jahr fällig werdenden Schulden bei der Bank abtragen und im Frühling den Stallbau in Angriff nehmen. Auch wußte ich bereits, wo ich meinen Esel kaufen würde: in Minusio.

Minusio war früher für Eselzucht das, was der Jura für die Schweizer Pferde: ein Zucht-Zentrum. Deshalb steht auch heute das hübsche Eselchen auf dem Brunnen am Rand der Durchfahrtsstraße nach Locarno. Es tut mir jedesmal leid, weil es so verloren inmitten von Asphalt, Häusern und Autos bleiben muß. Mein Esel – der Pierino – würde es dafür um so schöner haben!

Aber man soll ein Kind nicht taufen, bevor es geboren worden ist. Und einen Stall kann man erst nach der Schneeschmelze bauen.

Es hatte bereits Frühling in der Luft gelegen, und die ersten zaghaften Krokusse hatten ihre Köpflein ans Licht gestreckt. In meinem Garten blühten gelbe Winterlinge und blaue Iris. Da kam ein Sturm, ein Schneesturm, und deckte alles wieder zu. Er tobte einen Tag und eine Nacht lang. Am Morgen – es war an einem Sonntag – lag eine meterhohe, nasse, schwere Schneedecke dort, wo es gestern noch geblüht hatte.

Eines meiner großen Sonntagmorgen-Vergnügen ist die Haarwäsche. Ich stand unter der Brause, den Kopf voller Shampoo, den Körper voller Seife, lobte wie immer im stillen Guido, der in einer nahegelegenen Schlucht einen Wasserspeicher angelegt und die Leitung erst an einem Drahtseil über die Schlucht und dann zum Haus geführt hatte. Da sagte die Brause «pft, pft, pfüüü» – und der Wasserstrahl versiegte.

Was tut man – bitteschön – in einem derart verzweifelten Fall?

Ich drehte die Hahnen ein paarmal auf und zu. Ein, zwei, drei Tröpfchen zerplatzten am Boden. Dann Schluß. Fertig. Endgültig aus.

Mit dem Zahnputzglas schöpfte ich aus dem WC-Spülkasten ein Waschbecken voll Wasser, erinnerte mich an Haarwäschen auf dem Monte Valdo, wo ich dies auch mit vier Liter Wasser fertiggebracht hatte. Dann zog ich mich an, um nachzusehen, weshalb meine Wasserleitung streikte. Ein einziger Blick genügte.

Die Lawine und ihre Folgen

Eine Lawine war in die Schlucht niedergegangen, hatte die ganze, etwa fünfundzwanzig Meter tiefe Runse aufgefüllt und dabei den Speicher zerstört und die Leitung zerrissen. O schöne Zeit des fließenden Wassers, wann kommst du wieder?

Es war besser, sich wie ein Land im Notzustand auf schlimme Zeiten einzustellen. Ende des Luxus! Gut, daß ich wußte, daß man auch ohne fließendes Wasser leben kann.

Das größte Problem waren die Hündchen. Bona hatte vor drei Wochen drei süße Würstchen geworfen. An diesem

Ereignis war Gualtieros Berner Sennenhund, der Max, schuld. Da Bona so eine Art Jura-Laufhund ist, sagte ich allen, die es wissen wollten, entweder ich hätte drei reinrassige Berner Laufhunde, oder ebensolche Jura-Sennenhunde. Vorläufig sahen sie mit ihren Schlappöhrchen von der Größe eines Zwanzigrappenstücks aus wie Meerschweinchen. Nur, ich glaube nicht, daß drei Meerschweinchen in einem Tag so viel Feuchtes zu produzieren vermögen. Zwei alte Barchentleintücher waren täglich triefend naß. Bis jetzt hatte ich sie einfach in mein kleines Waschmaschinchen geschmissen. Das brauchte für's Kochprogramm zwar sechs Stunden, aber immerhin, die Leintücher waren nachher wieder blendend weiß, gewaschen mit «weißen Bären» und gespült mit «Watte-Wollo, das die Wäsche so watteweich macht». Aber Ende auch des Waschmaschinen-Luxus. Ich pilgerte zum Fluß, wusch die Leintücher mit Kernseife, bis meine Arme blau waren vor Kälte. Ein nasses Barchent-Leintuch von Hand auszuwringen ist schwerste Holzfällerarbeit.

Hat heutzutage jemand eine Ahnung, wie mühsam es ist, ein Leintuch in einem eiskalten Fluß zu waschen?

Ich schon.

Nun schleppte ich Kessel voll Flußwasser für den Abwasch und die Bedürfnisse des Klos bergaufwärts. Männliche Besucher «mußten» draußen, da gab's kein Pardon.

Von einer Quelle, die nahe beim Fluß entspringt, holte ich Kaffeewasser. Und – es ging auch so. Auf dem Monte Valdo hatten wir schließlich unsere Kanister über eine viel, viel weitere Strecke tragen müssen.

Für das Waschen der Hündlein-Leintücher erfand ich bald ein Spezialpatent: Ich legte sie am Abend in den Fluß, gut beschwert mit einem großen Stein. Am andern Morgen holte ich sie wieder. Zwar waren sie nicht so reinweiß wie aus der Waschmaschine, auch nicht mit «Watte-Wollo» gespült, aber mit vielen hundert Liter klaren Flußwassers. Auf alle Fälle: meine Hündlein wuchsen gesund heran und entwickelten sich zu drei kleinen, quicklebendigen Biestern: Tipsi, Tapsi und Topsi.

Froda hatte Mitleid mit mir. Weder Emilia, noch der Postina, noch Teresita waren meine Waschfrauen-Bemühungen am Fluß entgangen. Emilia war die erste, die mir sagte, sie hätte fünfzig Meter Wasserschlauch, der momentan nicht gebraucht werde. Und sie wisse, daß auch Silvia etwa so viel besitze, und im Stall von Odivio seien weitere dreißig Meter, die der Gemeinde gehörten und jetzt von niemandem benötigt würden.

Und jeder wußte noch einen andern, der mir mit ein paar Metern aushelfen konnte. Meine Wasserleitung wurde schließlich zweihundertzwanzig Meter lang und führte von einem Schmelzwasserbächlein bis vors Haus. Zwar war das Wasser voll Moos, gespickt mit Lärchennadeln und Steinchen. Aber es ersetzte das Flußwasser. Neuer Luxus!

Meinen Kaffee kochte ich weiterhin mit Quellwasser. Er schmeckte vorzüglich. Gleichzeitig holte ich mir an der Quelle meine tägliche Portion Salat: feine, frische, herbschmeckende Brunnenkresse.

Bis zur Schneeschmelze verbrachte ich meine Tage mit Schreiben. Einerseits mußte ich nach wie vor viele Leserbriefe beantworten. Ich fragte mich, weshalb mein Buch, das Erstlingswerk einer bescheidenen Schweizer Autorin, in einer Auflage von siebentausend Exemplaren erschienen, so viel Echo erzeugte.

Wahrscheinlich deshalb, weil viele, viele Leser davon träumten, ein ähnliches Leben wie ich zu führen – und doch den Schritt weg von der Zivilisation nicht wagten. Sie identifizierten sich mit mir, litten mit mir, lachten und hofften mit mir – und fragten nun nach der Fortsetzung.

Sollte ich sie nun alle enttäuschen, schreiben, was wirklich geschehen war? Nein!

Buch Nummer zwei

Also schrieb ich ein zweites Buch. Eines voller Jubel, Trubel, Heiterkeit. Michelangelo bekam seine Gärtnerin, selbstverständlich. Sogar Onkel Arthur beglückte ich mit einer Frau. Der Monte Valdo wuchs, blühte, grünte. Eine wahre «Und-wenn-sie-nicht-gestorben-sind, so-leben-sie-heute-noch-Geschichte». Eine wahre *Geschichte,* aber keine *wahre* Geschichte. Sie war von A bis Z erfunden.

Und als ich sie beendet hatte, zum x-ten Mal durchlas, schmiß ich sie kurzerhand ins Feuer. Fünf Minuten brauchte es, bis die Arbeit von mehr als einem Vierteljahr verbrannt und zu einem Häufchen Asche zerfallen war.

Während des Schreibens war ich mir vorgekommen wie ein kleiner Lieber Gott. Ich konnte die Schicksalsfäden spinnen, wie ich es für gut fand. Und ich spann sie so, daß immer alles herrlich wurde. Ich räumte mir selbst alle Schwierigkeiten aus dem Weg. Ich erfand Leben genau gegensätzlich zum richtigen Leben. Schön war das, wunderschön, aber eben – erfunden.

Als die letzten Reste des Manuskripts im Kamin verglüht waren, atmete ich erleichtert auf. Meine Leser mußten eben Geduld haben, der Verlag nicht minder.

Und ich? Ich war selbst gespannt, wie es weitergehen werde!

Vom Hund aufs Huhn

Der Schnee auf den Wiesen war endlich geschmolzen. Über dem Wasserspeicher lagen immer noch mehr als zehn Meter.

Meine Eselstall-Baupläne zerschmolzen ebenfalls – ins Nichts. Denn meine sich weiß Gott wie vornehm benehmenden Mieter in San Michele bezahlten die Miete nicht. Und ohne Geld keinen Stall – und ohne Stall keinen Esel.

Ich hatte Onkel Arthur in einem langen Brief mein Leid geklagt. Seine Antwort war kurz, bündig und klug: wennschon keinen Esel – what about hens? – wie wär's mit Hühnern? Die brauchen keine aufwendige Behausung und wären doch so etwas wie der Grundstock eines Bauernhofes. Von dem träumst du ja.

Und so kam es, daß ich auf dem Hund war und dadurch aufs Huhn kam.

Etwa fünfzig Meter vom «Kleinen Paradies» entfernt stand ein alter Stall, dreistöckig wie mein Haus. Die Tür des Dachstocks war genau gegen Norden – gegen mein Haus – gerichtet. Rings um den Stall war schöne Wiese.

Ich faßte mir ein Herz und fragte Odivio, dem der Stall gehörte, ob ich ihn mieten könne zum Zweck der Hühnerhaltung. Und ob ich auch ein Stück Land dazu pachten dürfe, und was das wohl kosten würde?

Ich konnte und durfte. Und der Mietpreis fürs Ganze betrug zwanzig Franken – im Jahr. Das entsprach etwa der dreifachen Rendite des Bodens, wenn er darauf Schafe hielt. Den Heuboden benutzte er sowieso nicht, weil er einen großen Nachteil hatte. Der Querbalken, der das Steindach trug, verlief durch die Mitte der Türöffnung, so daß man den Raum nur mittels einer gymnastischen Übung betreten konnte. Man mußte – im Stand, bitte sehr – das erste Bein einziehen, hochschwingen, auf dem Balken balancierend das zweite Bein ebenso hineinbefördern. Man konnte auch unten durch kraxeln, aber das tue ich nun mal nicht gern.

Nun fehlte noch ein Zaun um den Hühnerhof herum, denn in Froda sind auch Füchse und Marder zuhause. Dann konnte ich mir Hühner anschaffen. Für die Rasse hatte ich mich entschieden: Ich wollte jene mittelschweren braunen Hühner, die braune Eier legen. Sie waren mir von jeher am sympathischsten. Sie sind viel ruhiger als Leghornhennen, lassen sich auf den Arm nehmen und streicheln. Die Hähne dieser Hühnerart sind beinahe reinweiß.

Zuerst wollte ich mich aber theoretisch bilden. Ich durfte keinen Fehler begehen. Ein Huhn im legereifen Alter kostet zwanzig Franken (ein gleichaltriger Hahn drei Franken, ha, ha!). Es war schwierig, geeignete Literatur zu finden.

«Zur Haltung von zehn Hühnern», so hieß es da zum Beispiel, «benötigt man einen (einen!!!) Quadratmeter Bodenfläche.» Und ich hatte inklusive Stall gegen einhundert Quadratmeter und stellte mir vor, mir vom netten Mann vom Telefonamt fünf Hühner zum Geburtstag schenken zu lassen.

Ferner stand in dem Buch, daß man Hühner am besten mit Legemehl ernähre und dafür sorge, daß sie immer genug frisches Wasser hätten. Anderes Futter sei überflüssig.

Aber wo blieben da die Körnlein, wo blieb da der Misthaufen, auf dem der Hahn krähen kann, auf dem Hühner so gerne scharren? Wo blieb die Erde, in der sie Sand- und Sonnenbäder nehmen können? Jedes meiner Hühner sollte mehr Lebensraum haben als zwei Drittel eines Schreibmaschinenblattes. Nur so viel würde ihnen gewährt, wenn zehn auf einem Quadratmeter leben sollten.

Wer nimmt's mir übel, wenn ich diese Hühner-Gebrauchsanweisung meinem Manuskript nachschmiß: ins rauchende und qualmende Feuer des Kamins.

Aber bevor Hühner meinen Hof bevölkerten, brauchte ich unbedingt den Zaun ringsum.

Michelangelo, wo bist du?

Ich überlegte mir, ob wohl meine Italiener-Arbeiter mir auch hier beistehen würden, aber die arbeiteten natürlich nicht gratis. Wie so oft, wurde ich durch einen Brief meiner Sorge enthoben.

Er kam – aus Afghanistan!

«Liebe Kathrin,

Bin auf der Rückreise nach der Schweiz. Gratuliere zu Deinem Buch. Hat mir in Indien Heimweh nach dem Tessin gemacht. Brauchst Du keinen zweiten Michelangelo?

Herzliche Grüße! Dein Bruder Luzi.»

Luzi, mein um achtzehn Jahre jüngerer Stiefbruder. An die Möglichkeit, daß er mir helfen könnte, hatte ich einfach nicht gedacht. Einerseits war er für längere Zeit so weit weg gewesen, andererseits wollte ich meine Familienmitglieder prinzipiell nicht um Hilfe bitten. Aber wenn er schon fragte, ob ich Hilfe brauche?

Luzi ist Maschinenkonstrukteur. Konnte er auch Zäune um Hühnerhöfe herum konstruieren?

Er konnte. Er konnte es sogar meisterhaft. Oben mit verstellbarem Spanndraht, unten einen halben Meter tief in den Boden eingegraben, vorn eine Eingangstür, hinten eine Tür zum nahegelegenen Brunnen. Und nicht nur das, er brachte auch gleich einen Gehilfen mit. Den rot- und kraushaarigen Reto, Elektriker, der nun seine Künste an den Enden der Aufhängedrähtchen übte. Jede dritte Masche des Gitters wurde mit feinem Draht am Spanndraht befestigt. Mit so schönen Zöpfchen, daß einer nach dem andern von Froda zu meinem Hühnerhof kam, um das Werk zu bewundern.

«Direkt schade, solche Präzisionsarbeit, bloß für einen Hühnerstall», sagten sie.

Eines schönen Sonntags besuchte mich Bruno aus Bergamo, der Schreiner vom Monte Valdo.

«Was gibt's denn da?»

«Den schönsten Hühnerhof von Froda!» antwortete ich stolz.

Bruno sagte: «Wenn Sie hier Hühner halten wollen, brauchen Sie noch einen Unterstand im Freien, wo die Tiere sich aufhalten können, wenn es regnet oder schneit, und wo sie, wenn's zu heiß ist, Schatten finden. Und wer Hühner hält, sollte auch Kaninchen haben. Hühner- und Kaninchenhaltung ergänzt sich bestens.»

Ich wußte es ja, Bergamasker verstehen mehr von Natur als andere.

Und so kam es denn, daß am Pfingstsamstag, den siebzehnten Mai neunzehnhundertfünfundsiebzig, nicht nur Fridolin, Marta, Emma, Hermine und Hulda und Frieda im kleinen Paradies einzogen, sondern auch Nanni, eine weiß-schwarz gescheckte Kaninchenmutter mit sieben etwa drei Wochen alten Jungen. Diese würden keine Namen bekommen, denn nie, nie würde ich fähig sein, ein Tier töten zu lassen, das «hieß».

Daraus ist zu schließen, daß ich in ein paar Jahren nicht nur Leghühner haben werde, sondern auch ein Altersasyl für ebensolche!

Luzi und Reto bauten also auch ein Dach aus Welleternit, das auf Kastanienpfählen ruhte. Bruno zimmerte drei Kaninchenställchen, schöne, große, in denen die Tiere herumhopsen konnten. Bei schönem Wetter ließ ich sie sowieso frei. Wie sie sich im grünen Gras tollten!

Gackernde Hühner, ein stolz krähender Fridolin, vergnügt hakenschlagende Kaninchen, eine Katze auf dem höchsten Zaunpfosten, Bona als Hüterin des Ganzen davor. Es war wie im Paradies!

Aber – o großer Schreck – das Paradies war geschaffen worden, ohne daß ich der Gemeinde ein Baugesuch unterbreitet hatte!

«Hast du denn eigentlich eine Baubewilligung für deine Ranch?» fragte Emilia eines Tages im Vorbeigehen.

«Eine Baubewilligung, für was denn bloß?»

«Eh – für den Zaun, für das Dach und für die Kaninchenställe.»

«Du kannst mir doch nicht weismachen, daß das bewilligungspflichtig ist.»

«So frag doch mal das Gemeindesekretariat.»

Zum Verständnis der Situation muß hier eine Erklärung eingefügt werden: Froda ist eines der ganz wenigen Schweizer Dörfer – wenn nicht das einzige –, das in zwei sehr weit auseinanderliegende Teile zerfällt. Froda Piano liegt in der Magadinoebene – zwischen Sassariente und San Michele. Und dort ist die Gemeindeverwaltung. Froda Valle war früher nur im Sommer bewohnt – eine Art Maiensäß, gute dreißig Kilometer von Froda Piano entfernt.

Natürlich konnte der Gemeindesekretär dort unten nicht ahnen, daß in meinem Stall die Hühner bereits gackerten, als ich feierlich um Erlaubnis bat, einen Zaun, ein Dach und drei Kaninchenboxen zu errichten. Sicherheitshalber hatte ich meinem Gesuch einen eines Stararchitekten würdigen Plan beigefügt: Dach und Zaun und Kaninchenställe im Schnitt, im Grundriß und in der Perspektive. So schön war das Gesuch, daß ich vom Sindaco – dem Bürgermeister – telefonisch ein Kompliment erhielt. Und die Leute von Froda verrieten mich nicht. Das Gesuch hing vierzehn Tage lang im Mitteilungskasten der Gemeinde.

Ein riesengroßer Stein plumpste von meinem Herzen, als ich die Erlaubnis zum Bau in den Händen hielt.

Positive Ursachen und Wirkungen

Mein Leben war – genau betrachtet – eine einzige Kette von Ursachen und Wirkungen. Zum Beispiel Fridolin: Er wurde krank. Vielleicht war es bloß eine Erkältung, jedenfalls schniefte er, gluckste seltsame Töne, ließ Kamm und Flügel hängen.

Was tut ein Mensch, wenn es ihm nicht wohl ist? Er geht zum Arzt. Und wenn er den Arzt nicht erreicht, dann geht er in die Apotheke.

Ich rief den Tierarzt an. Er war nicht da. So telefonierte ich meinem Freund, dem Apotheker Angelo in Minusio. Seine Apotheke ist schräg gegenüber dem Brunnen mit dem Eselchen.

Angelo hatte mich bestens beraten, als ich die Notfall-Apotheke für den Monte Valdo zusammenstellte. So gut, daß Michelangelo keine Vergiftungserscheinungen gezeigt hatte, auch nachdem er sämtliche Medikamente, eines nach und mit dem andern, inklusive Antibabypillen, geschluckt hatte, um sicherheitshalber herauszufinden, ob die Arzneien ihm gut täten.

«Was – du 'aben 'ünärs», sagte Angelo entzückt. Wir sprachen deutsch miteinander, weil Angelo mir schon seinerzeit erklärt hatte, er müsse sich seiner Frau Gemahlin wegen in Deutsch üben. Angelos Frau ist Hamburgerin.

«Wenn das ist so, dann mußt du geben deine 'ünärs olio di fegato di merluzzo – wie sagt sich schon auf deutsch – Lebärtran von die Dorsch. Und dann – wenn dein 'ahn 'at raffreddore – auch noch ein medicina per desinfezione. Ich dir schicken.»

Aus dem Hintergrund hörte ich die Stimme von Angelos Frau, die auch Kathrin heißt.

«Waaass», rief sie, «die Kathrin hat Hüna? Frach sie doch, ob man bei ia Eia bes-tellen kann!»

«'örst du das?» fragte Angelo.

«Ja, gewiß, wieviel Eier braucht ihr denn pro Woche?»

«Caterina – die Caterina fragt, wie viele Eiers in eine Woche brauchen wir?»

«Oooch», tönte es weit weg – «so zwischen zwanzisch und viazisch S-tück bes-timmt!»

«'ast du ge'ören meine Caterina?» fragte Angelo.

In meinem Kopf summte ein Rechenmaschinchen. Ein Huhn gleich zirka sechs Eier pro Woche. Fünf Hühner gleich dreißig Eier. Die Angelos brauchten schon vierzig. Weitere Kunden ließen sich bestimmt finden. Und ich selbst esse auch gerne Eier. Spiegelei und Rührei und weiches Ei, Omelett und – das beste von allem: Frittata, eine Art Rührei-Omelett mit viel Gemüse.

«Ich liefere euch Eier, beste Eier, von Hühnern, die Lebertran bekommen!» versprach ich.

«Gruß an die Kathrin.»

Ich hängte den Hörer auf, wählte sofort eine andere Nummer, diejenige der Geflügelfarm, von der Fridolin und seine Hennen stammten, um weitere zehn Hühner zu bestellen.

So waren denn der Eierbedarf der Familie Angelo, respektive der Tierarzt, der nicht zu Hause war, respektive Fridolins Krankheit daran schuld, daß zehn Hühner mehr im kleinen Paradies einzogen.

Und da soll einer kommen und sagen, mein Leben «so ganz allein und soo weit weg von der Zivilisation – das arme, arme Ding – schrecklich» sei langweilig!

Dasselbe in Negativ

So, wie es eine positive Kette gab, gab es auch das Gegenteil. Das Negative hing immer mit dem Haus in San Michele zusammen. Mit der Annahme des Ausbau-Auftrages hatte es begonnen. Das kam immer wieder hoch. Wenn ich abgelehnt hätte, wäre Michelangelo wohl bei mir geblieben. Weil ich aber annahm, hatte ich Michelangelo verloren und schließlich das Haus geerbt. Weil ich es geerbt hatte, mußte ich Erbschaftssteuern zahlen, weshalb ich es vermietete. Und nun stellte es sich heraus, daß diese Mieter ganz schlicht und einfach Hochstapler waren, die im Gefängnis landeten, weil sie den Kanton Tessin, die Stadt Locarno, die umliegenden Gemeinden und viele private Geschäftsleute um eine ganz enorme Summe betrogen hatten.

Aus San Michele waren sie eines schönen Tages ganz still und leise verduftet. Ohne eine Mitteilung, ohne die Schlüssel zurückzugeben, ohne die Reinemachefrau, das Telefon, das Heizöl, den Strom – und ohne die Miete zu bezahlen.

Das Schlimmste war der Garten. Ein Tessiner Garten, der nicht gepflegt wird, verwildert innerhalb eines Monats. Und wenn man die Filtrieranlage eines Schwimmbads nicht laufen läßt, wird das Wasser innerhalb von zehn Tagen zu einem unappetitlichen, grün verschlammten Tümpel.

Die Nachbarn in San Michele waren es, die mich auf diese Mißstände aufmerksam machten. Ich fuhr hin, sah die Bescherung, wünschte diese Mieter, das Haus und das Schwimmbad ins Pfefferland – und um den Garten weinte ich.

Aber weil Weinen nichts nützt, begann ich zu jäten, zu mähen. Nach einer Woche strahlte alles wieder in neuem Glanz. Die Türschlösser ließ ich auswechseln, und die gesamte Bettwäsche wusch ich zweimal. Mir ekelte.

Die Sommersaison hatte begonnen. Ein einziges Inserat genügte, um das Haus bis Ende Oktober mit Feriengästen zu füllen.

Feriengäste! Niemand soll denken, Vermieten von Ferienhäusern ergäbe leicht verdientes Geld. Gewiß, man kann auch Glück haben. Bei mir waren es beinahe regelmäßig einmal sehr nette, einmal solche Mieter, die ich mir kein zweites Mal wünschte.

Meine Miet-Einnahmen waren so, daß ich Ende August

genügend Geld für die fällige Amortisation der Hypothek und den Zins hatte. Übrig blieb nun ein Betrag, der nicht für einen Esel samt Stall genügte, von dem Luzi aber behauptete, er reiche für ein Seilbähnchen mit einem elektrischen Motor.

Die Transportfrage war zu einem ernsten Problem geworden, vor allem darum, weil ich mir noch einmal zehn Hühner angeschafft hatte. Nun waren es fünfundzwanzig. Und Nannis Kinder waren groß geworden. Ich brauchte pro Monat
- 50 kg Hühnermehl
- 50 kg Körnerfutter
- 20 kg Kleie
- 10 kg Haferflocken
- 50 kg Kaninchenfutter
- 50 kg Heu
- 10 kg altes Brot

Ich bestellte wohl alles in möglichst kleinen Packungen, aber mir schien, auch die würden von Mal zu Mal schwerer.

Noch mehr Hühner

Wie ich dazu kam, meinen Hühnerbestand von fünfzehn auf fünfundzwanzig Stück zu erhöhen? Auch dies ist eine erzählenswerte Geschichte. Hauptperson davon ist Herr Ferd. Vor gut zehn Jahren hatte ich sein Hotel, eines der elegantesten in Locarno, eingerichtet und war dann so etwas wie eine bleibende Institution geworden, die man konsultierte, wenn es um Einrichtungsfragen ging. Die jetzige Frage war einfach und betraf das Privathaus von Herrn Ferd, den man übrigens zu den großen Gastronomen des Tessins zählt, und der ein beachtenswertes Kochbuch geschrieben hat.

Ich hatte ihn seit ein paar Jahren nicht mehr gesehen und

brachte zu meiner ersten Visite sechs Eier mit. Eier von Hühnern, die außer Lebertran auch Rosmarin bekamen, und Haselnußblätter, Zwiebeln, Knoblauch, Dill, Salbei, Estragon, Majoran, Löwenzahn, Kerbel. Vielleicht schreibe ich einmal ein Kochbuch über abwechslungsreiche Hühnerkost.

Ich weiß, daß Hühner-Spezialisten jetzt lächeln und sagen, Ei sei Ei, ob man das Huhn nun mit Hühnermehl ernähre oder es so tat wie ich. Ich aber behaupte stolz und kühn, daß meine – respektive die Eier meiner Hühner – viel, viel besser schmecken. Ach, und jetzt merke ich, ich habe gar nicht beschrieben, wie stolz ich war, als ein Huhn das erste Ei legte. Jedesmal, wenn ich ein Gackern hörte, raste ich in den Stall. Als dann wirklich ein Ei, ein winziges, im Heu lag – wenn ich es selbst gelegt hätte, ich hätte mich nicht stolzer aufblähen können!

Also: Vielleicht war Angelos Lebertran schuld, vielleicht auch die Kräuter. Zu meinem grenzenlosen Entzücken fand Herr Ferd meine Eier genauso viel besser als andere wie ich.

«Können Sie mir für mein Hotel wöchentlich zweihundert solche Eier liefern?» fragte er.

Das Rechenmaschinchen in meinem Hirn lief diesmal heiß.

«Zweihundert vorläufig kaum, aber ich tue mein Bestes», sagte ich, fuhr heim und bestellte weitere zehn Hühner. Nun waren es also fünfundzwanzig, plus Fridolin.

Fünfundzwanzig gleiche, braune Hühner kann man nicht voneinander unterscheiden. Zwei hatten aber besondere Merkmale und waren meine Lieblinge. Das eine – Marta – hatte mich besonders ins Herz geschlossen. Es hatte eine kühn aufstehende weiße Schwanzfeder und einen etwas weniger entwickelten Kamm als die andern. Es rannte mir immer am schnellsten entgegen, ließ sich ohne Protest aufheben und genoß es, gestreichelt und in den Halsfedern gekrault zu werden.

Das andere war Hermine. Hermine, mein emanzipiertes Huhn. Sie war die einzige, die sich von Fridolin nicht kommandieren ließ. Sie brachte es auch allein fertig, den zwei Meter hohen Zaun zu überfliegen.

Wenn alle andern brav in den Stall spazierten, weil es dunkel wurde: Hermine wünschte draußen zu bleiben. Nicht nur das, sie fand immer neue Verstecke, um sich vor mir zu verbergen.

Marta ist krank!

Mitte August war Marta eines Tages nicht dabei, um mich am Stalltor zu begrüßen. Ich fand sie auf dem Heuboden, in eine Vertiefung gekauert, mit aufgeplusterten Federn.

«Ja, Marta, was fehlt dir denn?»

«Gruu-gruu-gruu», klagte sie.

Ich ließ sie in ihrem Nest. Auch am Abend war sie noch dort. Ich hob sie auf. Da war kein Zweifel: Marta hatte Fieber, hohes Fieber, sie strömte eine Gluthitze aus.

Nun fehlte mir das theoretische Wissen, was man mit einem Huhn tun soll, das Fieber hat. Auf alle Fälle war es ratsam, sie zu beobachten. Ich packte sie in ein Katzenkörbchen, untendrein ein bißchen Heu, und nahm sie ins Haus. Genau gesagt, ins Schlafzimmer. Ich offerierte ihr ein paar Reiskörnchen, die sie aufpickte, stellte ein Schüsselchen Wasser in Reichweite. Sie trank ein paar Tröpfchen. Auch Menschen müssen viel trinken, wenn sie Fieber haben. Die Katzen und Bona betrachteten den neuen Schlafgenossen verwundert.

Am Morgen, als Marta Fridolins Krähen hörte, erhob sie sich, hüpfte aufs Bett, dann aufs Bettgestell und gackerte. Ein gackerndes Huhn im Schlafzimmer – das war so urkomisch, daß ich für mich allein schallend lachte. Wenn jemand durchs Fenster hereinschauen würde und meine Schlafordnung sähe: ein paar Katzen, ein Hund, und dazu noch ein Huhn...

Ich nahm die gackernde Marta auf den Arm.

«Gruu-gruu», sagte sie. Sie hatte immer noch Fieber, strömte eine Bruthitze aus...

Bruthitze??

Bruthitze!

Marta war gar nicht krank. Sie wollte brüten!

«Was tut man mit einem solchen Huhn?» fragte ich Emilia.

«An einem kühlen Ort unter einen Korb setzen und ihr nur Körnchen und Wasser geben», sagte sie.

«In den Brunnen tauchen», sagte Teresita.

Mir gefiel beides nicht. So rief ich Bruno an.

«Ein paar Eier unterlegen und sie brüten lassen», war sein Rat. Ein weiser Rat, der aber viel Arbeit gab, «die Natur machen lassen, was sie will.»

Marta bekam zwölf Eier und nistete sich im Heu in der Stallecke ein.

«Was Marta darf, soll auch mir recht sein», dachte Hermine und verwandelte sich ebenfalls in ein Brutöfchen. Hermine bekam ihr Nest etwa einen Meter von Marta entfernt. Sie erhielt die gleiche Anzahl Eier und war glücklich, ihren Kopf wieder einmal durchgesetzt zu haben.

Werdende Hühnermütter sind problemlos. Sie sitzen auf ihrem Nest, verlassen es nur, um schnell ein paar Körnlein zu picken, den Durst zu stillen. Dann gehen sie zurück, drehen mit dem Schnabel jedes Ei um, setzen sich, sämtliche Federn plusternd, wiederum darauf. Ein brütendes Huhn zu streicheln, ist wie eine Puderquaste berühren: herrlich flaumig weich.

Ich mußte, um meine Bauernarbeit einigermaßen erledigen zu können, immer früher aufstehen. Bis zehn Uhr mußten die

Tiere besorgt, das Haus aufgeräumt, die laufenden Gartenarbeiten so gut wie möglich erledigt sein, denn – und das dauerte nun schon wochenlang so – gegen halb elf Uhr kamen die ersten Besucher. Leser, die wissen wollten, wie die Kathrin Rüegg ausschaut, wie sie wohnt, und was sie nun macht. Es waren Leute, die den Besuch bei mir in ihren Urlaub einplanten, wie andere sich einen Museums-Besuch oder einen Gang durch einen berühmten Zoologischen Garten vornehmen. Sie vergaßen eines: Ich war nicht in den Ferien, hatte mein Arbeitsprogramm, das sie, wenn sie ohne Voranmeldung kamen, total auf den Kopf stellten. Es waren lauter reizende Leute. Mit vielen von ihnen habe ich nun ständigen Briefkontakt, und ein paar sind wirkliche Freunde geworden.

Aber ihretwegen wurde mein wilder Garten ein verwilderter Garten. Die Gemüsesetzlinge verdorrten, weil ich gerade dann Besuch bekam, wenn ich sie pflanzen wollte. Den Kohl fraßen die Weißlings-Raupen, die Kartoffeln gediehen schlecht, weil ich keine Zeit gehabt hatte, um sie anzuhäufeln.

Ich wünschte mir einen scharfen Wachhund oder sonst einen grimmigen Zerberus. Und siehe da, wie im Märchen wurde mein Wunsch erfüllt. In der Gestalt von Herrn Felix Wurm. Herr Felix Wurm, und, wie es sich herausstellte, gleich mit der ganzen Familie.

Herr Felix Wurm und Familie

Er hatte mir schon an Ostern mitgeteilt, daß er gedenke, mich während seines Sommer-Urlaubs zu besuchen.

Telefon: «Tag, hier Wurm. Bin jetzt in Bellinzona und werde in einer Stunde bei Ihnen sein.»

Was blieb mir denn da schon anderes übrig, als ja zu sagen?

Herr Wurm erschien genau nach sechzig Minuten, Frau Wurm auch, dazu zwei Töchter: Else und Regula Wurm. Es wurde abends gegen halb sechs.

Ich bot meinem Besuch, wie jedem, Brot, Salami, Käse und Wein an. Sie ließen sich's schmecken. Ich wurde langsam nervös, denn um sieben Uhr war ich zum Abendessen bei Rolando eingeladen.

Die Wurms trafen überhaupt keine Anstalten, mich wieder zu verlassen.

Schließlich gestand ich zögernd, daß ich nun leider weggehen müsse, ich sei zu einem Geburtstagsfest eingeladen.

«Oh, gehen Sie ruhig, wir waschen unterdessen das Geschirr ab.»

Als ich zurückkehrte, sagte Herr Wurm: «Und nun, bitte, liebe Frau Rüegg, wo können wir unsere Zelte aufschlagen?»

Im Acquaverdetal darf man nicht kampieren. Ein großes Verbot zeigt dies gleich am Anfang der Talstraße in San Michele.

«Hier darf man nirgends zelten, aber es ist schon so spät, wenn Sie hier übernachten wollen: bitte.»

Sie nisteten sich ein, zeigten auch am folgenden Tag keine Zeichen eines geplanten Aufbruchs.

Mir ging das Hütchen hoch. Das war nun doch zuviel.

«Sachte, sachte», beruhigte mich mein inneres Stimmchen. «Wollen mal sehen, wie sich das entwickelt. Vielleicht gibt es ein Kapitel im nächsten Buch.»

Ich verzog mich in den Garten. Die Wurms hielten Haus und saugten Staub. Herr Wurm kochte. Nachmittags kamen wiederum vier Leser-Besucher, knipsten, fragten, brachten Panettone, tranken Kaffee und Wein. Die Wurms wuschen Geschirr, schleppten Stühle herbei, kochten Kaffee, entkorkten Weinflaschen, stellten Stühle zurück, wuschen Kaffeetassen und Tazzini.

Am folgenden Tag dasselbe. Diesmal morgens und nachmittags.

«Das ist ja grauenhaft», stellte Herr Wurm fest. «Werden Sie denn nie allein gelassen?»

«Höchstens, wenn's regnet. Seit Mitte Mai war ich nur während ganzer neun Tage wirklich ohne Besuch. Ich werde zu dick vom zuviel Panettone essen und weiß bald nicht mehr, wie ich Salami, Käse und Wein finanzieren soll.»

«Sie armes Kind. Ja, und diese Besucher – also mindestens *ein* Buch sollte doch jeder hier kaufen.»

«Ich bin doch keine Buchhandlung.»

«Sie verstehen vom Geschäft überhaupt nichts. Aber lassen Sie uns nur machen. Das wird anders werden.»

Während der folgenden vierzehn Tage kochte Herr Wurm nicht nur, er verkaufte auch Bücher. Jeder, der kam, wurde unerbittlich zuerst zur Kasse gebeten. Ich genierte mich, ließ ihn aber gewähren.

«Wissen Sie», sagte Herr Wurm, «wir wollten mal Carl Zuckmayer im Wallis besuchen. Wir wurden von seiner Tochter glatt rausgeschmissen. Heute verstehen wir das.»

Ich versteh' es auch. Nur habe ich leider keine Tochter. Ich bat aber den Verlag, meine Adresse in einen Tresor zu legen und den Schlüssel dazu weit, weit in den Zürichsee zu werfen.

Die Wurms entschlossen sich zur Abreise, als ein neuer Besuch sich anmeldete: Onkel Arthur.

Onkel Arthur ist wieder da

Ich freute mich auf ihn wie ein Kind.

Onkel Arthur, der Bruder meiner Mutter, war in den sechzig

Lebensjahren, die er in London zugebracht hatte, so britisch geworden, daß er sogar die deutsche Sprache vergessen hatte. Er sah auch englischer aus als jeder echte Engländer. Viele Jahre lang besaß er in der Regent Street *den* Damensalon der High Society: «Antoine of London». Stolz zeigte er mir einmal die vielen königlichen Unterschriften in seinem Gästebuch.

Und nun lebte er von einer äußerst bescheidenen Rente und sparte sich das Geld für seine Reise zu mir am Munde ab.

Mein Onkelchen ist eine kuriose Mischung zwischen einem Zimperlieschen – wenn es um Hygiene oder irgend etwas nicht ganz, ganz Taufrisches geht – und einem streitbaren Löwen – wenn er vor ernste Lebensprobleme gestellt wird.

Drei Jahre waren vergangen, seitdem ich ihn das letzte Mal gesehen hatte. Die denkwürdigen Tage auf dem Monte Valdo, unsere Konfitürenkocherei, seine Begeisterung für die Schmetterlinge, for a nice bottle of wine, alle Erinnerungen kamen zurück, als ich seinen Brief in den Händen hielt.

Ich hatte mir damals geschworen, daß ich ihn nächstesmal mit einem Esel am Bahnhof in Bellinzona abholen werde. Nun konnte ich den Schwur nicht halten.

Aber wenigstens erwartete ihn täglich ein feines, ganz frisches weiches Ei zum Frühstück.

Er kam am Nachmittag, wollte schon auf dem Bahnhof wissen, ob ich seinen Rat befolgt und Hühner gekauft hätte.

«Und ob! Fünfundzwanzig Hühner hab' ich und einen Hahn. Und zwei Hühner sind bereits damit beschäftigt, Kücken auszubrüten.»

«Marvellous», sagte Onkel Arthur. «Dann gibt's heute zum Nachtessen weiche Eier. Das ist eine meiner Leibspeisen.»

Ich deckte den runden Tisch im Garten besonders schön. Mit Kapuzinerkresse und Sonnenblumen. Mittendrin prangten die weichen Eier in hübschen, roten Keramikbechern.

Onkel Arthur hämmerte mit der Rückseite seines Löffels energisch auf seinem Ei herum.

«Mir scheint, du hast sie zu lange gekocht.»

«Wieso? Meins ist genau richtig.»

Schließlich nahm er ein Messer, schnitt die Spitze ab – und in seinem schönen, weichen, ganz, ganz frischen Eilein lag ein halb ausgebrütetes Kücken. Man sah schon die Federchen!

Onkel Arthur schnappte nach Luft. Sein Gesicht war grün. Anstelle des Abendessens trank er ein Zahnputzglas voll Grappa.

«Hast du noch mehr solche Ei... äh Hühner?»

Da fuhr es mir eisig kalt durchs Gebein (und Herrn Ferd, wenn er dies liest, vielleicht nachträglich auch). Heute morgen hatte ich im Luxushotel eine Eierlieferung abgegeben. Wenn nun einem Luxusgast beim Luxusfrühstück mit seinem Luxusei dasselbe passierte? Nicht, überhaupt nicht zum Ausdenken war das! Und ich würde meinen besten Kunden blamieren und mich überhaupt ganz gottsträflich bloßstellen. Da schwatzte ich von frischen, wohlschmeckenden Eiern, von Hühnern in gesunder Luft und so – und dann das. Furchtbar war es, grauenhaft, und die Folgen waren nicht auszudenken.

Was war passiert?

In einem Theoriebuch über Hühner – vielleicht schreibe ich mal eines – sollte groß und dick und fett drinstehen: Brütende Hennen stehlen sich gegenseitig die Eier. Das tun sie, indem sie diese mit dem Schnabel von einem Nest zum andern befördern.

In Martas Nest waren von den ursprünglichen zwölf noch neun, in Hermines Nest aber vierzehn. Immer diese Hermine mit ihrer Extrawurst (oder Extraei)! Ein Ei war aus dem Nest gerollt und so weit unten liegen geblieben, daß Hermine es nicht mehr zurückbringen konnte. Ich erinnerte mich, unten am Heustock eines aufgelesen zu haben.

Mein persönlicher Schutzpatron – ich glaube, es ist der heilige Franz von Assisi – und der Schutzpatron meiner Hühner hatten dafür gesorgt, daß dieses Ei auf meinem Tisch und nicht auf demjenigen eines Hotelgastes gelandet war.

Schlußfolgerung I: Brütende Hennen sollte man in ein Ställchen für sich allein sperren.

Schlußfolgerung II: Um ganz sicher zu sein, frische Eier zu verkaufen, mußte ich sie irgendwie kontrollieren. Täglich zweimaliges Einsammeln genügte nicht.

«I know, in England they use some X-rays», sagte Onkel Arthur.

Eier durchleuchten. Davon hatte ich auch schon gehört.

Ich nahm einen Karton, schnitt ein etwa eirundes Loch hinein, legte ihn auf meine Leselampe und bedeckte das Loch mit einem Ei. *Ganz* frische Eier sind durchsichtig wie Milchglas, ein paar Tage alte haben viele feine, weiße Pünktchen. Ein bebrütetes Ei ist lichtundurchlässig, man sieht nur eine Luftblase.

Ich brauche wohl nicht zu betonen, daß in der Rüeggschen Eierhandlung nur noch durchleuchtete – oder, wie es in der Fachsprache heißt, geleuchtete Eier verkauft werden. Sicher ist sicher.

Das Bauernhöflein wächst

Auch meine Kaninchen brachten mir Aufregungen. Bruno hatte mir erklärt, daß ich die Kleinen im Alter von drei Monaten voneinander trennen solle. Weibchen in einen Käfig, Männchen in einen andern. Und dann sei es auch Zeit, für Nanni einen neuen Mann zu suchen.

Ich hatte drei Käfige, versuchte also, die kleinen zappelnden Dinger nach Geschlecht aufgeteilt zu behausen. Meine Kontrolle gefiel ihnen überhaupt nicht. Sie wehrten sich wie kleine Teufelchen. Es war sehr schwer, da einen Unterschied zu sehen.

Ich hatte die Aufteilung nach bestem Wissen und Gewissen vorgenommen. Man muß es aber selbst getan haben, um zu wissen, wie klein, klein der Unterschied zwischen einem Kaninchenmädchen und einem Bübchen ist. Jetzt, wo ich beinahe Profi bin, sehe ich es viel früher, und gar nicht «dort», sondern an der Physiognomie. Die Weibchen haben viel spitzere Gesichtchen.

Die Tiere des ersten Wurfs waren schon fast so groß wie ihre Mutter, als mir auffiel, daß eines im Weibchen-Käfig sich stundenlang im Kreis drehte, ringsum, ringsum. Mir wurde es beim Zuschauen schwindlig. Es war das erste, das getötet wurde.

Bruno, den ich gebeten hatte, mir noch mehr Kaninchenställe zu zimmern, besorgte das. Ich hatte unterdessen ein italienisches Buch über Kaninchenzucht von Hedwig geliehen bekommen, das ich beinahe auswendig lernte. «La coniglicoltura pratica», erschienen in der neunzehnten Auflage, war wochenlang meine Bettlektüre. Diesem Buch verdanke ich nicht nur theoretisches Wissen über Kaninchenzucht, sondern auch, daß ich jetzt italienische Bücher lesen kann.

In dem Buch stand, daß die rationellste Kaninchenzucht mit acht Käfigen zu bewerkstelligen sei. Man solle drei Weibchen und ein Männchen für Zuchtzwecke halten und die Jungen als Masttiere.

Die Tragzeit des Kaninchens beträgt einen Monat. Sieben Wochen werden die Kleinen gesäugt. Dann gönnt man der Mutter eine Ruhezeit von einer Woche und läßt sie wieder decken.

Ein schweizerisches Kaninchenzuchtbuch sprach von zehn Wochen Stillzeit. Der Unterschied war so groß, daß wieder einmal «selbst probieren» die einzige Lösung war.

Sicheres Zeichen, daß ein Kaninchen bald werfe, sei, das stand in beiden Büchern, wenn es sich Haare aus der Brust reiße und damit ein Nest polstere.

Einige Tage nachdem Bruno das sich um sich selbst drehende «Weibchen» getötet hatte, begann eines der im gleichen Käfig lebenden Tiere sich wie eine werdende Mutter zu benehmen. Nun verstand ich, warum der arme Kerl sich immer gedreht hatte. Ein Männchen, eingesperrt zusammen mit drei Weibchen!

Ich setzte die fehlgeplante werdende Mama in eine Bananenschachtel, denn die neuen Käfige waren noch nicht fertig. Auf der Schachtel stand zwar strikt und deutlich «re-use is prohibited – Wiedergebrauch ist verboten». Es stand aber nirgends, daß die Schachtel nicht als Kaninchenwochenbett verwendet werden dürfe.

Am andern Morgen lagen in der Schachtel, im mit Kaninchenhaaren gepolsterten Nest, vier winzige, nackte Würmlein.

Und als ich den Hühnerstall betrat, hörte ich ein Piepsen. Martas Kinder begannen sich zu regen. Die von Hermine würden morgen schlüpfen.

Wie soll man es schon beschreiben, wie das ist, wenn Kücken ausschlüpfen? So etwas Einfaches ist das, und so ein großes, unbegreifliches Wunder. Da ist ein Gelege von Eiern im Heu, und genau nach drei Wochen beginnt irgend etwas in diesen Eiern drin zu piepsen. Marta kauerte sich noch schützender über ihr Nest.

Ich zähmte meine Ungeduld und schaute erst am folgenden Tag nach. Von den ihr verbliebenen Eiern hatte sie acht ausgebrütet, ein Kücken hatte sie wahrscheinlich vor lauter

Mutterglück zerquetscht. Die andern krabbelten vergnügt unter ihren Flügeln umher.

Hermine war offenbar zu nervös gewesen. Aus ihren vierzehn Eiern schlüpften bloß sechs Hühnchen, die irgendwie schwächer als Martas Kinder waren. Ich setzte jede Glucke in einen der eben fertiggestellten Kaninchenkäfige und machte Inventar. Im «Kleinen Paradies» lebten nun:

Leghühner	23
Hermine und Marta	2
Fridolin	1
Kücken	13
Kaninchen	8
Kaninchenkinder	4
Bimbo Seidenglanz	1
Fritzli Goldschatz	1
Tinchen Dreckspatz	1
Bimbos Kinder	4
Bona	1
Sebastian	1
Onkel Arthur	1
ich	1
	62

Wir begannen ein richtiges Bauernhöfchen zu werden. Und das Bauernhöflein gab immer mehr Arbeit! Ich mistete meinen Hühnerstall täglich, die Kaninchenboxen einmal in der Woche. Die Futtergeschirre waren so sauber wie die Teller, die auf meinem Tisch stehen.

Onkel Arthur half mir, so gut er es mit seinen achtzig Jahren konnte. Er malte die neuen Kaninchenkäfige mit Holzschutzfarbe an, er suchte Löwenzahn, um ihn durch das Gitter den Hühnern zu verfüttern. Den Hof betrat er nie mehr. Fridolin hatte ihn einmal angefallen. Ich hatte ihn zwar gewarnt, aber er wollte es mir nicht glauben.

Fridolin war nämlich furchtbar, furchtbar böse. Der nette Mann vom Telefonamt, Bruno, Luzi und Reto, sie alle wagten sich nur mit einem Besen bewaffnet in den Hühnerhof und hatten alle vier geschworen, Fridolin werde zum Weihnachtsbraten degradiert. Mich hatte er nach ein paar Attacken anerkannt. Ich war für ihn wahrscheinlich so etwas wie ein Oberhuhn, das ihm und seinem Harem Futter brachte und täglich den Mist vom Stallboden kratzte.

Stundenlang schaute Onkel Arthur auch den Glucken mit ihren Kücken zu. «It's a miracle», sagte er. «Wer weiß, wieviel Generationen lang diese Hühner im Brutapparat ausgebrütet worden sind? Und trotzdem wissen die Glucken nun ganz genau, wie sie ihre Kleinen locken können, wenn sie etwas zum Fressen für sie finden. Wer hat sie gelehrt, die Kücken unter die Fittiche zu nehmen, wenn es draußen kalt wird? Sie selbst konnten ja nur unter eine Infrarotlampe stehen. Und schau, richtig stolz sind sie, wenn eines ihnen auf den Rücken klettert und sich herumtragen läßt.»

Ich konnte seine Fragen nicht beantworten. Nur dasselbe sagen wie er: «Es ist ein Wunder.» Ein Wunder im bescheidenen, primitiven Hühnerstall des kleinen Paradieses im Tessin.

Wenn man Hühner täglich pflegt, lernt man, ihre Sprache zu verstehen. Und Hühner haben einen ganz beträchtlichen Wortschatz. Das Gackern, das ein gelegtes Ei verkündet, tönt ganz anders als die Warnung, wenn eine Katze ihre tägliche Mauskontrolle im Hof vornimmt. Da gibt's die Mitteilung Fridolins an seine Schar: «Hierher, da gibt's was zu fressen.» Da ist das drollige «Giii», das eine Warnung sein soll für mich, wenn ich unter einer legenden Henne das Nest leere.

Und Glucken haben für ihre Kinder noch weitere, sehr zärtlich klingende Äußerungen, genau wie Katzenmütter auch. Existiert eigentlich schon ein Wörterbuch der Tiersprachen? Wenn nicht, dann wäre dies eine Beschäftigung für mich, wenn ich alt und grau und zittrig bin. Jetzt bin ich erst grau. Ich weiß schon das Pseudonym: «Dr. Catherine Doolittle.»

Sprechstunde für Tierpatientchen halte ich bereits ab, wie der berühmte Dr. Doolittle.

Wenn eines meiner eigenen Tiere krank ist, rase ich nach Locarno zum Tierarzt. Meine jährliche Tierarzt- und Tiermedizinrechnung ist wesentlich höher als die Summe, die ich für meine eigene Gesundheit aufwende.

Deshalb habe ich sämtliche für kleine Tierwehwehchen benötigten Salben und Tröpfchen im Haus. Davon profitieren die Leute von Froda oder, besser gesagt, deren Tiere, die ich behandle: Räude, Erkältungen, Ekzeme, Ohrenmilben, Verletzungen. Hier konsultiert man den Tierarzt nur, wenn ein Kalb, ein Schwein, ein Schaf oder eine Ziege krank ist. Unnütze Tiere wie Hunde und Katzen müssen entweder von selbst gesund werden oder sterben. Es sei denn, die Kathrin könne ihnen helfen.

Der arme Sebastian

So war auch Sebastian, die Schildkröte zu mir gekommen. Olimpio hatte sie beim Mähen einer Emdwiese gefunden und auf der Post abgegeben für den Fall, daß sie von jemandem gesucht würde. Die Postina gab sie mir in Pflege. Ihr Panzer war hinten verletzt. Ein briefmarkengroßes Stück war dreieckig ausgebrochen. Und in der Wunde wimmelte es von Fliegenmaden.

Ich kochte Kamillentee, füllte ihn in einen Eimer, bastelte mit Draht eine Stützvorrichtung und stellte das arme Tier senkrecht hinein. Die Maden ertranken, und die Kamille wirkte wundheilend.

Onkel Arthur hatte einen neuen Job: Er hütete Sebastian. Wir brachten ihn auf die Wiese, sobald die Sonne schien. Bei kühlem Wetter setzten wir ihn unter die Infrarotlampe. die ich auf Brunos Rat sicherheitshalber für die Kücken gekauft hatte. Aber die wurden von ihren Müttern so gut versorgt, daß sie das nicht brauchten.

Wir badeten und salbten Sebastian täglich. Die Wunde überklebten wir schön mit einem Heftpflaster, damit die Fliegen ihn nicht mehr plagen konnten. Nach ein paar Tagen fraß er zaghaft das erste Salatblättchen. Wir waren so glücklich darüber, daß Onkel Arthur eine Flasche Portwein stiftete. Ein Prosit auf Sebastians Wohl!

Wenn niemand sich meldete, wollte ich Sebastian meinem Onkel mitsamt der Infrarotlampe schenken. Zum Glück verriet ich ihm diesen Plan nicht, denn eines Tages kamen Ferienleute – eine Frau mit einem etwa vierjährigen Kind –, um Sebastian abzuholen. Nun erfuhr ich auch die Ursache seiner Verletzung. Seine Besitzer hatten ein Schräubchen in den Panzer gebohrt, das Tier an einem Schnürchen angebunden und im Garten laufen lassen. Irgendwie hatte er sich losreißen können.

Die Frau versprach mir, Sebastian nicht mehr anzubinden.

Eine Woche später vernahm ich, daß er gestorben war. Vielleicht vor Heimweh nach dem kleinen Paradies, vielleicht, weil seine Wunde nicht mehr gepflegt wurde.

Weshalb ich die Geschichte von Sebastian erzähle?

Wie soll ein Kind, hier das Kind jener Frau, Respekt vor Lebendigem bekommen, wenn es sieht, daß man in ein Tier einfach ein Schräubchen bohrt, damit es nicht weglaufen kann...

Die Sintflut über dem Paradies

Wieder wechselten meine Mieter in San Michele.

Es regnete auf tessinerisch, so, daß Onkel Arthur und ich das Gefühl hatten, uns unter einem riesigen Wasserfall durchzukämpfen. Da fielen nicht mehr Tropfen vom Himmel, da flossen Sturzbäche. Onkel Arthur hatte sich nicht davon abhalten lassen, mich zu begleiten.

Er zog den grauen Anzug an, das weiße Hemd, die lila Krawatte, schob das lila Tüchlein in die Brusttasche, darüber den schicken blauen Regenmantel, und übers Ganze spannte er seinen Regenschirm. Elegant sah mein Onkelchen aus!

Er marschierte tapferen Schritts über die schwankende Hängebrücke, unter der der Fluß bedrohlich angeschwollen war. Normalerweise ist zwischen der Brücke und dem Wasserspiegel eine Distanz von gut fünf Metern. Jetzt waren es nur noch knapp drei.

Als wir ein paar Stunden später heimkehrten, gurgelte ein reißender Strom unter der Brücke. Beim Mittelpfeiler, dort, wohin ich das Basler Käppelijoch verpflanzen wollte, staute sich das Wasser. Der Gischt spritzte über den Brückenboden.

Ich weiß aus Erfahrung, daß viele Leute Angst haben, die Brücke zu überqueren, bei normalem Wasserstand und schönstem Sonnenschein. Wie würde Onkel Arthur nun reagieren?

Er reagierte überhaupt nicht. Wir hatten uns angewöhnt, wegen der Schwankungen mit Distanz zu laufen. Ich ging bis zum Mittelpfeiler, schaute zurück. Onkel Arthur war bereits unterwegs. Diesmal den Schirm zusammengerollt am angewinkelten Arm. Merry Old England auf einem schaukelnden Brücklein bei Hochwasser in den Tessiner Bergen.

Ich machte Onkel Arthur mein Kompliment. Nicht jeder sei so mutig wie er. Da sagte er zu mir etwas ungemein Liebes und merkte nicht einmal, daß seine Worte schon in der Bibel stehen. Er sagte:

«Wieso soll ich Angst haben? Wo du hingehst, kann ich doch auch hingehen, oder nicht?»

Und dann sagte er noch etwas Biblisches:

«Ich glaube, wir müssen sofort mit dem Bau einer Arche beginnen.»

Der Regen hatte wieder eingesetzt, ärger als zuvor. Sogar in der kleinen Schlucht, die mein Haus vom Hühnerhof und vom Garten trennt, floß Wasser. Onkel Arthur sah auch darin Positives.

«Dieses Hochwasser hat einen enormen Vorteil: Nun werden wir garantiert von Besuchern verschont!»

Es regnete bis zum Abend, bis zum nächsten Morgen, bis zum Mittag. Die Brückenmitte wurde durch den Stau des Pfeilers überschwemmt. Ein Baumstamm hatte sich dort verklemmt, den Eisenpfahl, der das Maschengitter-Geländer trug, wie ein Streichhölzchen geknickt.

Im Schlüchtlein zum Hühnerstall strömte ein Bach, in dem ich bis über die Knie versank. Er riß so stark, daß ich mich an die Äste der Büsche klammern mußte.

Als es etwas aufklarte, ging ich hinaus, um das Schauspiel zu fotografieren. Der Fluß donnerte und toste, Gischt spritzte, Baumstämme schossen wie Pfeile vorwärts und überschlugen sich, wenn sie auf einen Stein aufprallten. Die Uferbäume standen hilflos im Wasser, die Äste mit Geschiebe behangen. Unser Fußpfad war selbst zu einem Bach geworden, der so hoch war, daß das Wasser in meine Gummistiefel drang. Tausend Bächlein rannen von den Bergen.

«Now we are really isolated», sagte ich zu Onkel Arthur, als ich von meiner Expedition heimkehrte. Ich trocknete gerade meine triefenden Haare, als es an die Tür pochte.

Wer – um alles in der Welt – konnte das sein?

Es waren Leser!

Onkel Arthur schmunzelte. Ich durfte ihn nicht ansehen und mußte mein eigenes Lachen verbeißen.

Sie waren über die untere Hängebrücke gekommen und hatten dann irgendwie fünf, sechs Wasserfälle durchquert. Und da waren sie nun und tropften!

Mein Wohnzimmer verwandelte sich in eine Sumpflandschaft mit vielen Tümpelchen. Die Katzen schüttelten entsetzt ihre nassen Tätzchen und dehnten so die Feuchtigkeit auch aufs Sofa aus.

Ich hatte ein Kaminfeuer angezündet, davor hängten wir eine Reihe nasser Kleidungsstücke. Wir plauderten, stießen an aufs Hochwasser, wobei mir Onkel Arthur verschmitzt zuzwinkerte. Die Besucher kauften ein leicht feuchtes Buch, mit einer feucht verwischten Widmung, versteht sich. Ich war über ihre Sympathie, die sie auch vor soviel Wasser nicht zurückschrecken ließ, tief gerührt und schämte mich wieder einmal, daß ich hie und da meine Besucher ins Pfefferland wünschte.

Ich werde ein Luxusweib!

Den zwanzigsten September werde ich fürderhin mindestens so feiern wie meinen Geburtstag. Das ist nämlich der Tag, an dem ich zum Luxusweib wurde.

Bitte: an diesem Tag wurde meine elektrische Seilbahn eingeweiht. Erste Fuhre: eine Flasche Champagner, natürlich von Onkel Arthur gestiftet.

Luzi hatte mit seinen Kollegen Reto und Max ein wahres, absolutes Meisterwerk vollbracht. Tragsäulen aus Eisenrohr, tief einbetoniert, hundertfach versenkt und verankert. Ach, die Mühe, die sie hatten, bis Betonkies, Sand und Zement, der über achtzig Kilogramm schwere Elektromotor hier oben waren. Ich allerdings, ich durfte nicht mithelfen, mußte mich bedienen lassen wie eine Königin. Meine erste Arbeit war, aufs Knöpfchen «aufwärts» zu drücken, um zu sehen, ob es funktioniere. Und es tat's. Welch unbeschreibliche Wonne.

Vier Säcke Futtermittel, gleich einhundert Kilogramm, flogen genau so schwerelos hinauf wie die Flasche Champagner. Und was wir seither schon alles transportiert haben: den Heuvorrat für die Kaninchen für den ganzen Winter, Brennholz, Wein, Mineralwasser, meine wöchentlichen Lebensmitteleinkäufe, eine neue Schreibmaschine.

Und wie viele Eier schon talwärts fuhren. Und eintausend Liter Heizöl aufwärts, die leeren Kanister abwärts.

Hedwig und Max können mir meine Wonne am ehesten nachfühlen, denn sie schleppen die Dinge ihres täglichen Lebens immer noch. Aber ich? Ich geniere mich förmlich vor ihnen. Ich habe das Gefühl, dem Verein der Pioniere untreu geworden zu sein, um ins Lager der Luxusweiber hinüber zu wechseln. Meine Entschuldigung, damit ich weiterhin bei den Pionieren Mitglied bleiben darf: Ich bin eine alleinstehende, nicht mehr ganz junge Frau. Eine Frau, die – wie einer meiner Leserfreunde behauptet, «ein franziskanisches Leben führt». Auf moderne Art nun, mit elektrischem Seilbähnchen.

Bimbo Seidenglanz

Eine Last, die traurigste meines Tessiner Lebens, die trug ich selbst talwärts und hätte es auch getan, wenn sie zehnmal schwerer gewesen wäre: meinen toten Bimbo.

Herr Ferd war zu Besuch mit Freunden. Wir lachten, weil gleich drei Männer mit Bart an meinem Tisch saßen: Herr Ferd mit einem rötlichen, Onkel Arthur mit einem silbrigen,

Luzi mit einem dunkeln. Herr Ferd hatte uns ein Risotto gekocht – nein, zelebriert. Wir waren fröhlich, erzählten uns Erlebnisse.

Da kam Bimbo, legte sich zu mir und hechelte wie ein Hund am heißesten Sommertag. Da stimmte etwas nicht!

Ich rief den Tierarzt an. Meinen Tierarzt darf man sonntags und nachts und immer fragen.

«Geben Sie ihr ein herzstärkendes Mittel oder mindestens Cognac», riet er mir. «Die Fahrt nach Locarno ist zu weit bei solchen Symptomen.» Ich flößte ihr Kirsch ein. Es schien ihr besser zu gehen. Sie säugte ihr Töchterchen Sissi. Plötzlich bäumte sie sich auf, erbrach sich und streckte sich aus.

«Bimbo ist tot», sagte Luzi.

«Nein, das glaube ich nicht. Das kann einfach nicht wahr sein.»

Ich lauschte an ihrem Körper. Irgend etwas schlug, aber das war mein eigener Puls. Bimbos Pupillen wurden größer, immer größer, und überzogen sich mit einem weißen Schleier. Bimbo, mein Bimbo Seidenglanz, Katzenprinzessin und Kumpelchen vom glücklichen Monte Valdo, war tot.

«Dove finirà il tuo pining?» hatte Michelangelo oft gesagt, «Wo wird dein Kleines enden?» Er hatte es gesagt, wenn die kleine, quicklebendige Katze mit den Hunden um die Wette getobt hatte, wenn es so aussah, als ob Bona und Grano sie in Stücke reißen würden, wenn sie schließlich, tropfnaß zwar, aber doch als Siegerin aus einem solchen Gefecht hervorging.

Nun wußte ich, wo sie endete, aber ich wußte nicht weshalb. Herr Ferd erbot sich, sie zum Tierarzt zur bakteriologischen Untersuchung zu bringen. Ich wickelte sie in eine Decke und trug sie bis zum Auto.

Bona fühlte irgendwie, daß ich sehr, sehr traurig war. Sie zottelte mit gesenktem Kopf, hängendem Schwanz und hängenden Ohren hinter mir drein. Wie schwer, wie bleischwer mein Federchen, die Katze, die nur aus Flaum und Luft zu bestehen schien, plötzlich geworden war.

Ich legte sie in den Kofferraum des Autos, fuhr noch ein allerletztes Mal über ihr Seidenfell, über den Schwanz, mit dem sie immer so vornehme Diva-Bewegungen gemacht hatte... Und dann, Kofferdeckel zu, aus.

Auf dem Heimweg wurde mein Herz noch schwerer. Hier, am Brückentörchen, hatte Bimbo einmal acht Stunden lang im strömenden Regen auf mich gewartet. Dort, auf jenem Stein, hatte sie gesessen, wenn sie wußte, daß ich bald von meinem Postgang wieder heimkam. Bei diesem Busch hatte ich sie dann getroffen und gestreichelt...

Vielleicht kommt Bimbo eines Tages wieder zurück zur Erde. Vielleicht als Mensch. So, wie ich weiß, daß ich schon als Katze existiert habe. Aber wenn sie kommt, dann wird sie ganz bestimmt so lange herumirren, bis sie Froda findet – so wie ich es gefunden habe.

Bis dahin aber wird sie, dessen bin ich ganz gewiß, den Petrus im Katzenhimmel ärgern. Sie wird beim vordern Eingang so lange kläglich miauen, bis der gütige Mann sie einläßt, dann zur hintern Tür gehen und dort ebenso kläglich um Ausgang bitten. Wenn der Katzenpetrus Katzen so gern hat wie ich – und das ist anzunehmen, sonst wäre er kein Katzenpetrus –, dann wird er ihr geduldig Pforte um Pforte zu ihrem Ein- und Ausgang öffnen.

Und von der ganzen Monte-Valdo-Familie waren nun nur noch Bona und ich übrig geblieben.

Onkel Arthur schließt einen Lizenzvertrag

Das Leben ist nicht nur eine Achterbahn. Hie und da auch einfach eine Schaukel. Tief hinunter schwingt sie, und dann wieder bergauf. Bergauf ging sie diesmal für Onkel Arthur, und ich freute mich mit ihm.

Schuld war Herr Ferd, der in Locarno nicht nur ein Hotel besitzt, sondern auch den größten Konditoreibetrieb. Natürlich hatte er von unserer Marmelade-Kocherei auf dem Monte Valdo gehört, hatte auch von der «confiture de ma grandmaman» gekostet – und sie gut gefunden.

Und nun interessierte er sich für das Rezept, um diese Marmelade aus grünen Tomaten, die im Herbst tonnenweise fortgeworfen werden, im Großen herzustellen. Onkel Arthur hütete dieses Rezept wie ein Heiligtum und verriet es Herrn Ferd erst, nachdem er sich mit ihm über die Frage der Lizenzgebühren geeinigt hatte.

«Wer weiß, vielleicht fahre ich nächstes Jahr im Abteil Erster Klasse zu dir», sagte Onkel Arthur glücklich, «dank Herrn Ferd und der ‹Vera marmellata del Monte Valdo›.»

Wer weiß?

Die Zeit von Onkel Arthurs Urlaub war abgelaufen. Abschied von meinem alten Onkelchen zu nehmen, zu wissen, daß es mindestens ein ganzes Jahr dauern würde, bis ich ihn wiedersah, machte mein Herz traurig – und seines auch.

«Wer weiß, ob ich in einem Jahr noch lebe», stand auf einem Zettelchen, das er mir vor seiner Abreise heimlich auf den Nachttisch gelegt hatte. «Mit Herrn Ferd habe ich vereinbart, daß du im Falle meines Todes die Lizenzgebühren für die Marmelade erhältst. Dann aber mußt du einen Esel kaufen! Dein dich sehr liebender Onkel Arthur.»

Pierino, der Esel! Irgendwie spukte er wie ein Irrwisch immer wieder durch mein Leben.

El fo'ing geht um

Noch ein anderes Tier spukte in Froda. Ein sehr reales, schlimmes.

«Kann ich von dir Eier kaufen?» fragte Teresita eines Tages.

Wieso? Legen denn deine Hühner nicht mehr?»

«Letzte Nacht sind sie alle umgebracht worden. Fünfundzwanzig Stück. El fo'ing!»

«Was ist ein ‹fo'ing›?»

«La faina!»

Ich mußte im Wörterbuch nachschlagen. «La faina gleich der Steinmarder.»

Nun begriff ich.

El fo'ing wütete wie ein blutrünstiger Killer. Meldestelle der täglichen Sensationsmeldungen war das Postämtchen.

«Letzte Nacht hat er Zio Alfonsos Hühnerstall geräumt. Ratzekahl. Alle tot, mit durchbissener Kehle. El fo'ing raubt die Hühner nicht wie ein Fuchs. Er beißt ihnen bloß die Kehle durch und trinkt ihr Blut.»

«Fünfzehn Tote bei Gualtiero! Aber Gualtiero hat eine Falle gestellt.»

«Gualtieros Kater ist in die Falle geraten.»

Ich ging hin, um das verletzte Pfötchen seines Katers zu salben.

«Armer Kerl», sagte Gualtiero. «Zuerst wird er Witwer, und dann klemmt er auch noch sein Tätzchen ein.»

Der schöne weiße Kater war Bimbos großer Liebhaber gewesen. Siehe Schnurrli und Murrli Schranz.

Nur noch Emilia und ich waren vom fo'ing nicht heimgesucht worden. Emilia hat einen aus Backsteinen gemauerten Stall mit einem Wellblechdach. «Da kommt er einfach nicht rein.»

Und ich wohne am andern Ufer des Flusses. Das ist mein einziger Trost, denn durch die Mauerritzen meines Hühnerstalls und durch die Fugen der Steinplatten des Daches schlüpft ein Marder mit Leichtigkeit. Einzige Frage: Können Marder auch Mauern erklettern oder bloß Bäume?

Bis heute weiß ich das nicht, aber sicher bis zum nächsten Frühling. Vorerst zog der fo'ing weiter. Zuerst nach Rasco. Auch dort lebt nun kein einziges Huhn mehr.

Dann kamen die Schreckensmeldungen aus dem letzten Dorf des Tales:

«Bei Esterina neununddreißig Hühner umgebracht.»

«Bei Silvio sechs.»

«Bei Valentino alle neun.»

«Nun hat nur noch Leo Hühner. El fo'ing wird auch diese töten, und dann?»

Dann muß er umkehren. Dann – wird er Fridolin, Marta, Hermine verschonen?

Ich schlafe nur noch mit einem Ohr. Das andere lauscht, ob Fridolin singt. Ja, singt. Auf Italienisch sagt man nicht «der Hahn kräht», sondern «il gallo canta». Und wenn ich dies höre, werde ich sofort das Licht im Stall anzünden. Luzi hat in weiser Voraussicht den Schalter am Kopfende meines Bettes angebracht.

Hühner sind nur bei Dunkelheit wehrlos. Wenn Fridolin den Mut hat, einen erwachsenen Mann anzufallen, wird er vielleicht auch mit el fo'ing fertig. Hach, wär' das eine Sensationsmeldung auf der Post:

«Caterinas Hahn hat den fo'ing getötet!»

Dann wären Fridolin und ich sozusagen Ehrenbürger-Kandidaten der Gemeinde Froda Valle.

Aber ganz, ganz sicher wird Fridolin zu Weihnachten nicht in der Pfanne landen. Netter Mann vom Telefonamt Bellinzona, Luzi, Reto und Bruno hin oder her.

Die Schreibstube im Hühnerhof

Der Winter kündete sich dieses Jahr früh an. Ende Oktober blies ein eisig kalter Wind durchs Tal. So kalt war er, daß das Wasser in den Trinkgeschirren der Hühner und Kaninchen morgens gefroren war. Nun mußte ich wohl oder übel meine Freiluft-Schreibstube ins Wohnzimmer zum Ölofen verlegen.

Da waren nach wie vor die Briefe, Leserbriefe, die nach einer Fortsetzung meiner Geschichte fragten. Da war der Verlag, der das – ohne mich zu sehr zu drängen – ebenfalls getan hatte.

Der Sommer hatte zuviel Arbeit und viel zu viele Besuche gebracht. Nun war der Garten geräumt und aufgeräumt. Die Besucher verebbten nach den Tagen des Herbsturlaubs.

Da gab ich mir selbst einen Stoß und setzte mir eine Frist: bis Ende Jahr mußte die Fortsetzung fertig sein!

Da war aber das Problem mit den Kücken. Sie waren nun so groß, daß die Kaninchenkäfige für sie nicht mehr genügend Platz boten. Zudem brauchte ich diese für die wachsende Anzahl der Hasen. Jetzt waren es über zwanzig.

Laut meiner dürftigen Hühner-Literatur durfte ich aber die alten und die jungen Hühner nicht einfach zusammenbringen. Das gäbe blutigen Streit.

Was tut man, wenn man streitlustige Kinder beisammen halten muß? Man hütet sie.

Lydia hütet ihre beiden Kühe. Onkel Arthur hütete Sebastian, die Schildkröte. Warum sollte die Kathrin nun nicht Hühner hüten?

So setzte ich mich denn in meinen Hühnerhof, ließ die Kücken frei, beobachtete sie – und schrieb. Die Tiere benahmen sich beinahe mustergültig. Vielleicht aus Rücksicht auf mich – und damit dies Buch endlich fertig werde. Die Kücken zogen sich im Stall auf ein erhöhtes Regal zurück, auf dem ich vorher Futtermittel gelagert hatte. Da sämtliche Säcke von den Mäusen angenagt wurden, hatte ich sie in meiner Küche in Sicherheit gebracht.

Nun saßen die Kleinen also dort oben – sozusagen im dritten Theaterrang, der den übrigen Hühnern zu wenig vornehm war. Ich fütterte ihnen dort ihr Junghennenmehl, die «Großen» bekamen ihr Leghennenfutter im Freien, die gemeinsamen Körnchen standen in einem großen Gefäß im Stall.

Und ich saß auf der Treppe, mittendrin, die Schreibmaschine auf den Knien. Eine milde Herbstsonne beschien das Kleine Paradies. Ich füllte die Seiten, beschwerte sie mit einem Stein, wie damals auf dem Monte Valdo. Hie und da guckten Fridolin, Marta und Hermine neugierig über meine Schulter, verzierten die Blätter mit einem Hühnerklecks. Die Reinschrift – auch diesmal die «impeccable» – mußte ich dann im Wohnzimmer tippen.

Ein Kapitel fehlte noch. Ein wichtiges. Da war mir nämlich eine Einladung ins Haus geflattert. Kathrin Rüegg wurde feierlich eingeladen zur Teilnahme an der «Cena del secolo – dem Nachtmahl des Jahrhunderts.» Dort hoffte ich, über Michelangelo Neues zu erfahren.

In meinem ersten Buch hatte ich über die «Cena del secolo» das geschrieben, was Michelangelo mir erzählt hatte:

Das Nachtmahl des Jahrhunderts

«Was ist denn das für ein Essen? Und wenn es nur alle hundert Jahre einmal stattfindet, wieso kommen die dazu, ausgerechnet dich einzuladen?»

Michelangelo erklärte es mir. Und ich bekam die Tessiner daraufhin noch ein bißchen lieber.

Es ist Brauch, daß ein paar Reiche Locarnos «alle, die gern essen und trinken» jährlich einmal zu einem Mahl einladen. (Das war Michelangelos Version. Ich glaube aber eher, sie tun es für die, die nicht immer genug zum Essen und zum Trinken haben.)

Man bekommt ein Geschenk und kann von allem haben, soviel man will.

Wenn ich an die Portionen dachte, die Michelangelo da vertilgen würde, taten mit die Reichen von Locarno leid.

«Du solltest die Gestalten sehen, die da kommen», schwärmte er. «Nur schade, daß jedes Jahr ein paar von ihnen fehlen. Ich weiß gar nicht, wo die dann hinkommen.»

«Wahrscheinlich in die Trinkerheilanstalt», sagte ich trokken. Michelangelo wollte das nicht wahrhaben.

«Aber wenn doch alles gratis ist, wieso brauchst du von mir einen Vorschuß von vierzig Franken?»

«Stellst du dir vor, ich gehe so?» Er zupfte an seinem Bart und zerwühlte sein ohnehin zerzaustes Haar.

«Ich muß ins Bagno pubblico gehen und dann zum Barbiere. Der muß mich in Schuß bringen und schönmachen und parfümieren.»

Dies waren die Zeilen, die ich der Cena gewidmet hatte.

Die Reichen Locarnos waren beglückt und entzückt darüber, daß dieses Nachtmahl des Jahrhunderts endlich im Druck gewürdigt worden war. Und nicht nur in einer Zeitung stand es, sondern sogar in einem richtigen Buch!

Deshalb widerfuhr mir die große Ehre, als erste Frau an diesem wichtigen Ereignis teilnehmen zu dürfen. Und seither habe ich die Tessiner nochmal nochmal ein bißchen lieber.

Es war ein Ereignis! Es geschah in so kurzer Zeit so viel, daß ich mir vorkam wie in einem Zirkus, in dem in drei Arenen gleichzeitig eine Vorstellung gegeben wird.

Da waren einmal die Personen der Handlung, in zwei Gruppen aufgeteilt: die Einladenden und die Eingeladenen. Da das Ganze wie eine wichtige politische Männerversammlung aufgezogen war, amtierte der Haupteinladende auch als Präsident der Gesellschaft. Il Signor Presidente! Er heißt Alfonsito. Ich hoffe, er nimmt es mir nicht übel, wenn ich das mit «das Alfönschen» übersetze. Vizepräsident: Ercole – Herkules.

Die beiden sind das amüsanteste Beispiel, wie sehr Eltern daneben raten können, wenn sie ihren süßen, kleinen Babys einen Namen geben.

Das Alfönschen ist eine Figur, die ich liebend gern als Falstaff auf der Bühne der Scala in Mailand sehen würde: breit, kräftig, souverän, gewandt, eine Versammlung zu leiten, und – wie sich später zeigte – Streit bis auf Messer und Gabel zu schlichten.

Herkules dagegen ist ein feingliedriger, sensibler, zarter, überaus höflicher und etwas scheuer Mann, das pure Gegenteil von Alfonsito.

Und dann die geladenen Gäste!

Ich verstand, warum Michelangelo damals vierzig Franken gebraucht hatte, um ins Bagno pubblico zu gehen, um sich in Schuß bringen und sogar profumare zu lassen.

Sie waren alle wie aus dem Ei gepellt, zum Teil angetan mit Krawatten, schönen, in schreienden Farben, oder mit einem noch schreienderen Pullover, alle frisch rasiert, mit frisch geschnittenen Haaren. Außer einem, der sah ganz genau aus wie Moses. Nur die Gesetzestafeln fehlten ihm und das Flämmchen des Heiligen Feuers über der Stirn.

Es kam die Gruppe der Locarneser Straßenkehrer, es kamen Taxifahrer, das Personal der Kehrichtabfuhr, Nachtwächter von Industrien, Totengräber, Eiscremeverkäufer, Maronimänner. Es kamen viele, viele kleine Leute, für die diese Feier das einzige Weihnachtsfest, ganz sicher die einzige Bescherung im Jahr war.

Die hufeisenförmig aneinander gereihten Tische waren geschmückt mit Tannästen und feuerroten Nelken. Die Blumen steckten wir uns irgendwo an, wie die Gäste bei einer Hochzeit.

Zuerst wurde militärischer Appell gemacht.

Caterina! – presente, Toni! – presente, Bruno! – presente, Fausto! presente, Vico! – presente, Elia! – presente, Michelangelo! – – –, Michelangelo! – ? ? ?

Einer hielt die Hand hoch.

«Signor Presidente, Michelangelo ist im Spital. Leberschaden.»

Ein zweiter meldete sich.

«Signor Presidente, Michelangelo *war* im Spital. Sie hatten ihn kaum entlassen, als er wieder zu trinken begann. Nun ist er in der Trinkerheilanstalt.»

Ich dachte an meine Bemerkung zu Michelangelo, wo die zum Fest nicht Erscheinenden jeweils gelandet waren – und jetzt war er auch dort.

Michelangelo, dummer, warum bist du vom Monte Valdo weggelaufen? Seine einzige Rettung wäre es, wieder dorthin zurückzukehren.

Er würde ein Früchtepaket, Malutensilien und eine von allen unterzeichnete Neujahrskarte erhalten.

«Man bekommt ein Geschenk und kann von allem haben, soviel man will», hatte Michelangelo gesagt.

Das stimmt. Ich sah's mit eigenen Augen, wie einer sieben (sieben!) Portionen Minestrone aß. Dabei war eine einzige so reichlich, daß ich nachher nicht alles an Fleisch und Huhn und Gemüse und Salat vertilgen konnte.

Zwischen den einzelnen Gängen war Bescherung. Jeder bekam ein persönliches Geschenk, dazu Panettone und Wein. Wie glücklich sie ihre Gaben an sich drückten!

Nach dem Essen, es waren alle schön satt und zufrieden, durfte jeder, der das wollte, eine Rede halten.

Ein Eiscremeverkäufer, er heißt Vico, tat dies so, daß er einen bekannten Sportjournalisten imitierte, aber eine Reportage bot über die Vorgänge im Saal. Und die wurden nachgerade dramatisch. Da waren zwei, die gingen mit dem Eßbesteck aufeinander los, weil der eine glaubte, der andere hätte ihm den Panettone weggenommen. Es brauchte sehr energische Worte des Signor Presidente, um die Streithähne zu trennen. Die Drohung, nächstes Jahr nicht mehr eingeladen zu werden, wirkte schließlich.

Ein kleines, unscheinbares Männchen hielt die Hand hoch.

«Silenzio», rief der Vorsitzende, «Elvezio-Luigi hält eine Rede.»

Nun geschah etwas Rührendes: das Rednerlein, man kann's nicht anders sagen, sprach in wohlgesetzten Worten dem Präsidenten den Dank der Versammlung aus, hoffte, nächstes Jahr alle gesund wiederzusehen, und endete mit einem beherzigenswerten Satz für die Zukunft:

«Passem el temp per viv!» – Verbringen wir doch unsre Zeit, um zu leben!

Wie recht hat er – und wie wenige tun es?

Auf dem Heimweg wurde ich vom Schneefall überrascht. In der Schlucht unterhalb Briana mußte ich die Schneeketten montieren. Eklig, das nach Mitternacht ganz allein an einem so dunklen Ort tun zu müssen. Aber für die Teilnahme an der Cena würden sich noch ganz andere Strapazen lohnen. Zu Fuß ginge ich den ganzen Weg von Froda nach Locarno, um wieder dabei zu sein.

Ich schreibe, schreibe, schreibe

Weihnachten naht mit Riesenschritten. Ich füttere morgens und abends die Tiere, sammle am Mittag die Eier ein. Den Rest des Tages schreibe ich, schreibe ich. Ich gehe nicht mehr zur Post. Die Postina hat sich anerboten, mir den Gang abzunehmen, bis das Buch fertig ist. Mit den verschiedenen Schwätzlein, die unterwegs unvermeidlich sind, ergibt dies eine Stunde Zeitgewinn pro Tag. Ich schreibe keine Weihnachtsbriefe, verschicke keine Geschenke, bezahle meine Schulden nicht, putze keine Böden und Fenster mehr. Schlimm sieht's bei mir aus, aber der Berg der beschriebenen Blätter wächst und wächst. Und immer fällt mir noch etwas ein, das erwähnenswert wäre.

Seltsam, einer muß eine Reise um die Welt machen, um ein Buch zu schreiben. Ich verkroch mich an einem Ort, wo Fuchs und Marder hausen, und weiß kaum, wie ich all den schreibenswerten Stoff bewältigen soll.

Jemand ist auf diesen Seiten allerdings viel zu kurz gekommen: meine Katzen. Fritzli Goldschatz streicht um meine Beine und schaut mich mit seinen bernsteinfarbenen Augen an. Ich habe sein Schicksälchen nicht erzählt. Auch das von Moses von Flum nicht, und von Seppli Dick. Und nicht, wie Fritzli Frech und Finkli nach Basel reisten, und nicht, wie der falsche Schnurrli Schranz Pfarrkater am Vierwaldstättersee wurde. Und weshalb Tinchen und Fritzli heute Tante Tinchen und Onkel Fritzli sind, und, und, und...

Und die Leute von Froda! Sie alle wären der Miniaturmalerei würdig, und ich habe außer von unserem Playboy nur flüchtige Bleistiftskizzen von ihnen gezeichnet.

Aber das Buch muß an Silvester fertig sein. Basta.

Fertig, ja. Aber, so leid es mir tut, einen Schluß, ein endgültiges

ENDE

wird es auch diesmal nicht geben. Immer noch sind nicht alle Rätsel gelöst. Jeder Tag bringt sogar neue Fragezeichen.

Da rufen mich die neuen Besitzer des Monte Valdo an und fragen mich, ob ich interessiert daran sei, ihn wieder zurückzukaufen.

Da erzählt mir Luzi, wie sehr er Mühe hat, Arbeit zu finden. Und seine beiden Kollegen Reto und Max auch.

Die drei, *das* wären die Pioniere, auf die der Monte Valdo wartet. Aber woher soll ich das Geld nehmen, um ihn zu bezahlen?

Da wäre auf der andern Seite das Haus in San Michele mit der Hypothek, die wie ein Bleigewicht an meinem Fuß hängt. Soll ich es doch veräußern?

Wenn ich das könnte, dann würde ich in der gleichen Stunde den Kaufvertrag für den Monte Valdo zum zweiten Mal unterschreiben. Aber das Haus von San Michele ist ein teures Haus, und die jetzigen Zeiten sind die schlechtesten, um ein Luxushaus zu verkaufen, wenn ich es nicht verschleudern will.

Wenn ich den Monte Valdo wieder besäße, dann würden Luzi und seine Freunde dorthin ziehen und weitermachen, wo ich aufgehört habe.

Ein Feriendorf? Wenn sie Lust dazu verspüren, warum nicht?

Luzi ist ein geschickter Gärtner («nur Gemüse, Blümchen mag ich weniger»), so daß er aus dem fruchtbaren Boden des Monte Valdo mit ein bißchen Glück einen ertragreichen Bauernhof machen könnte. Als Beraterin für Tierhaltung stünde ich ihm zur Verfügung, als Innenarchitekt auch.

Und für Michelangelo wäre der Monte Valdo der einzige richtige Ort auf Erden, soll er noch einmal gesund werden.

Könnte, wäre, stünde, würde...

Und ich? Ich bliebe so oder so in Froda. Meine Wurzeln sind hier tief verankert. So tief, daß man mich nicht mehr versetzen kann.

Ich bleibe in Froda, bis ich sterbe. Ich muß nachts das Rauschen des Flusses hören, abends und morgens Marinos Glockengebimmel, und Fridolin, der singt.

Fridolin. Heute morgen krähte er schon um halb fünf Uhr. Ich schaltete das Licht im Stall ein, lauschte. Fridolin rief und rief. Ich zog mich an, ging nachsehen, ob el fo'ing... Zögernd, sehr zögernd öffnete ich die Stalltüre, erwartete ein Blutbad zu sehen. Nichts. Sie saßen gemütlich auf ihren Sitzstangen. Ein paar pickten Körnlein. Eines der jungen Hähnchen flog mir, wie jeden Morgen, auf die Schulter.

«Entschuldigung», sagte ich. «Aber jetzt schlaft noch ein bißchen!» Dann verkroch auch ich mich nochmals in die Federn.

Aber weiß ich, ob der Marder uns bis im Frühjahr verschont?

Weiß ich, ob Onkel Arthurs in Lizenz hergestellte Marmelade ein Erfolg wird?

Weiß ich...

Aber jetzt *muß* ich meine Stube ein bißchen putzen – und auch die Fensterscheiben.

Und dann *muß* ich in die Küche, um ein Risotto nach Herrn Ferds Rezept zu kochen, denn der nette Mann vom Telefonamt Bellinzona hat sich zur Silvesterfeier angesagt.

Wird *der* Augen machen, wenn ich ihm das Manuskript überreiche und er liest, daß ich das Buch ihm gewidmet habe. Er hat es verdient, denn ohne ihn wäre ich heute nicht im Kleinen Paradies, sondern...

Es klopft! Und, oh, ich habe nicht geputzt und nicht gekocht...

Froda, Silvester 1975